Racine

Bajazet

Édition présentée, établie et annotée
par Christian Delmas
Professeur à l'Université de Toulouse Le Mirail

Gallimard

PRÉFACE

Dans la seconde préface de Bajazet en 1676, Racine relève qu'on a pu « s'étonner qu'on ait osé mettre sur la scène une histoire si récente », advenue seulement une trentaine d'années plus tôt. Le fait est en effet exceptionnel dans sa carrière. Ses tragédies sont ordinairement empruntées de l'Antiquité : histoire romaine (Britannicus, Bérénice, Mithridate), fable légendaire ou mythologique (La Thébaïde, Andromaque, Iphigénie, Phèdre), Bible enfin (Esther et Athalie). Mais il s'agit dans Bajazet d'histoire turque : « l'éloignement des pays répare en quelque sorte la trop grande proximité des temps », de sorte que « les personnages turcs, quelque modernes qu'ils soient, ont de la dignité sur notre théâtre : on les regarde de bonne heure comme anciens, [car] ce sont des mœurs et des coutumes toutes différentes ». En d'autres termes, le dépaysement d'une civilisation étrangère quoique contemporaine lui confère les deux caractères, mais croisés, de distance et de proximité propres à l'Antiquité classique, lointaine dans le temps mais culturellement proche. Racine s'estime par là autorisé à rapporter ce sujet moderne aux canons de la tragédie à l'antique, dont il devient une variante : on a dès longtemps remarqué que les personnages turcs de Bajazet *sont comme un premier crayon de Phèdre, Roxane de ses « fureurs », Atalide de ses scrupules et de ses « remords ».*

Point d'exotisme oriental par conséquent dans cette tragédie, pas de pittoresque d'une « couleur locale » romantique : le vocable « Orient » est absent, qui servait de point de départ à la cristallisation poétique dans la romaine Bérénice... Racine se borne à évoquer, mais avec quel pouvoir de suggestion, un cadre à la fois géographique — la Porte sacrée ouvrant sur la mer, le sérail, ses favorites et ses interdits, ses « muets » et son climat d'espionnage et de mort — et historique : pouvoir absolu du sultan, conflit déclaré ou larvé avec ses frères et avec le grand vizir, crainte du corps des janissaires, poids de la religion et du « sacré étendard » du Prophète. Par bienséance le sérail est évoqué de préférence au harem, par souci de clarté Bagdad conserve comme chez certains historiens son nom classique de Babylone, et Constantinople (aujourd'hui Istanbul) celui de Byzance. Dès lors, comprendre Bajazet revient à dégager ce que dans l'Empire ottoman Racine a pu découvrir ou instiller d'antique qui lui permette de construire une tragédie classique selon son cœur.

Un lieu tragique, le sérail

Ce lieu typique est peut-être à l'origine de l'intérêt du dramaturge pour le sujet : les premiers et derniers vers de la scène d'exposition sont consacrés à définir ses caractéristiques. Racine, comme l'ensemble de la deuxième génération classique, a intégré les principes de la dramaturgie moderne élaborée dans la décennie 1630-1640 : il s'emploie dès lors *au nom du bon goût à tirer les dernières conséquences des « règles » pour damer le pion aux tragédies encore complexes d'un Corneille. Contre le* Tite et Bérénice *de son rival il affiche dans la préface de* Bérénice *(1670) une préférence pour une action si « simple » qu'elle tient de la gageure ;* Bajazet *pour sa part pousse à sa condensation maximale l'unité de lieu, qui n'est plus ici ce lieu de passage neutre du « palais à volonté » habituel, sorte de « vestibule » propice aux rencontres, mais un endroit fermé, et interdit, le plus « écarté » du sérail, véritable « huis clos » dans lequel s'exaspèrent les passions renfermées (or « sérail » est communément orthographié « serrail » au* xviie *siècle). La tension inhérente au lieu se trouve accrue par le choix, dans l'histoire de Bajazet, du moment d'urgence vitale qui devrait imposer la révolte contre un pouvoir mal assuré, mais qu'assoirait l'annonce imminente d'une possible victoire militaire du sultan. Ainsi, dans ses deux dimensions, extérieure et intérieure, aux caractères inverses mais d'effet convergent — distance démesurée de Babylone et clôture du sérail —, le lieu scénique définit le cadre idéal d'une tragédie de la communication, dont le fil de l'intrigue met au jour les linéaments.*

La pièce est faite en effet d'allées et venues fébriles, depuis des mois, de messagers entre Babylone et le sérail, mais aussi entre Byzance et le sérail, du fait que le vizir Acomat, gouverneur de la ville, est doué par Racine du privilège d'accéder au sérail sur lequel règne Roxane, de manière à faire le lien entre la révolution de palais et la révolte de la ville fomentée par ses soins. Mais allées et venues à l'intérieur même du sérail aussi bien, jusqu'au quartier réservé du harem, *et au cabinet particulier de la sultane. D'où le découpage haché de la pièce en trente-six scènes de plus en plus précipitées, de quatre à l'acte I à cinq à l'acte II, huit à l'acte III, puis de sept à l'acte IV à douze à l'acte V, tandis qu'à l'inverse le nombre de vers par acte diminue progressivement de 420 à 372, puis 330, 307, pour se stabiliser à 320 au dernier acte. Les difficultés matérielles de communication sont encore compliquées par « L'embarras irritant de ne s'oser parler » directement (v. 160), qui impose le recours à des truchements, tel l'échange de lettres entre Atalide et Bajazet, qui fait pendant aux missives réitérées d'Amurat depuis Babylone : le sort des personnages sera scellé au moment précis où, après l'interception d'un premier messager du sultan par Acomat, seront rendus publics l'ordre écrit irrécusable dont est porteur Orcan (IV, 3), puis la lettre de Bajazet surprise dans le sein d'Atalide (IV, 5). Entre-temps circulent des rumeurs incertaines sur les dispositions de l'armée et l'issue de la bataille, habilement distillées par le politique Acomat, qui s'avérera moins inspiré à manœuvrer les cœurs.*

En effet, l'intermédiaire dans le rapprochement sentimental que le vizir a provoqué entre Roxane et Bajazet — et c'est là un autre aspect des problèmes de communication méthodiquement explorés par Racine — , cette médiatrice n'est autre qu'Atalide, l'amante secrète de Bajazet, d'où, par une perversion intime du langage, un gauchissement dans la transmission des messages. « Interprète » des sentiments de Bajazet auprès de la sultane, elle parle « pour lui », à sa place, mais aussi en sa faveur, voire en insinuant des interprétations favorables à ses silences obstinés, de manière que Roxane s'illusionne sur les motifs de sa réserve ou de ses soupirs. Alors que Titus dans Bérénice, *comme frappé d'aphasie, se voyait physiquement incapable d'assener la vérité de la répudiation à la femme aimée, Bajazet ne veut pas, et ne peut sous peine de mort, parler vrai à une femme redoutable qu'il n'aime pas. De ce fait, un aspect important de l'action réside dans le soupçon et la prise de conscience progressive par Roxane du double jeu dont elle est la dupe et la victime, pour s'être faite à son corps défendant la propre médiatrice des amours des jeunes gens. Mais aussi bien, au tournant décisif de l'acte III, lieu habituel de la péripétie majeure, c'est un rapport tendancieux et fallacieux d'Acomat lui-même sur le consentement apparent du prince à son mariage avec la sultane qui provoque maladroitement, parce qu'il ignore ces amours, la jalousie catastrophique d'Atalide. Enfin, le pouvoir absolu du sultan s'exerce lui-même par délégation à Roxane de son entière autorité sur le sérail ; or celle-ci en abuse pareillement pour exercer un chantage à la mort sur Bajazet — double jeu à son tour percé à jour par le sultan, qui la manipule en l'enveloppant dans sa vengeance.*

Ainsi, les complications déduites du lieu scénique « à la turque » et les incertitudes de la communication suggèrent à Racine une mise en scène originale de la solitude propre au héros tragique et des pièges récurrents de l'imagination déréglée par le jeu des passions, qui constituent le champ privilégié de son théâtre.

Au plan dramatique, la morsure du doute, les oscillations et les revirements qui, au fil des allers et retours des personnages, nourrissent l'intrigue de péripéties et de quiproquos décevants (qui légitiment le procédé romanesque de la lettre surprise) ont finalement l'effet paradoxal d'immobiliser et de paralyser l'action dans une vaine agitation de surface. Dès lors prend tout son sens la longue exposition de l'impeccable plan d'action patiemment machiné par le vizir, un

« *politique* » *lucide plus cornélien que nature, dans la mesure où le déroulement de l'intrigue montre les à-coups, puis le blocage de ce savant dispositif par le grain de sable de la passion. Tout se passe comme si, à travers Acomat qui en a sous-estimé l'importance dans les conduites humaines, Racine avait voulu décidément frapper d'inanité la conception cornélienne de l'homme, et de la tragédie. Ce qui est en cause avec* Bajazet, *ce ne sont plus en effet les problèmes auxquels se heurte l'action humaine dans la cité, mais la possibilité même de toute action et, du même coup, le type de tragédie mis au point par le* XVIIe *siècle, qui repose sur le dynamisme contrôlé d'une action dramatique tout entière orientée vers sa fin.*

La figure tragique de l'Orient

Par-delà la configuration de l'action scénique, Racine retrouve dans l'Empire ottoman une figure actuelle de l'opposition, classique depuis l'Antiquité, entre Orient et Occident, et les valeurs qui les distinguent. C'est du reste dans ce cadre que s'éclairera le personnage éponyme de la pièce, généralement jugé falot pour ses hésitations, ses demi-mesures face à Roxane, et finalement son inaction, en dépit des efforts de Racine pour accroître sa dignité en lui prêtant un passé militaire héroïque sous les auspices d'Acomat. Cette opposition se trouvait pour partie illustrée dans Bérénice, *dont le sujet repose sur le thème fréquent dans la tragédie de l'impossibilité pour un Romain, à plus forte raison un empereur, d'épouser une reine : cette aversion procède du souvenir traumatisant, entretenu depuis la République, des exactions de la royauté étrusque contre la Rome archaïque. À l'époque*

historique, cette haine se tourne contre les monarchies orien-
tales (*entendons moyen-orientales, dont la reine Cléopâtre
d'Égypte fournit le prototype*) auxquelles se heurtent les
conquêtes de l'Empire romain. Or Bérénice, certes alliée des
Romains, est reine de Palestine : qu'elle soit longtemps sans
comprendre le motif de sa répudiation par Titus manifeste
l'incompatibilité des deux systèmes de gouvernement, prin-
cipat héritier de la république et monarchie.

La monarchie orientale se caractérise en effet de tout temps
par le pouvoir d'un seul, sans limite ni contrôle, qui soumet
les sujets à la discrétion de la libido dominandi, *ou
volonté de puissance*. Dès les guerres médiques, les Grecs
opposaient l'esprit de justice de leurs cités à l'aveugle sou-
mission des peuples d'esclaves prosternés devant le Grand
Roi. Aux temps modernes, les seules lois que reconnaissent
les sultans ottomans sont de même celles qu'« ils se sont
faites », en matière de politique matrimoniale par exemple ;
encore leur est-il loisible de les transgresser à leur guise
comme Soliman le Magnifique, à la différence des coutumes
traditionnelles du peuple romain rappelées à Titus par Pau-
lin. À leurs « ordres absolus » ils exigent donc une « obéissance aveugle » imposée par la force et la crainte, qui
rendent compte du climat de méfiance régnant dans le sérail,
de l'inévitable férocité du « cruel Amurat », aussi bien que
des velléités de révolte, tant des janissaires que du vizir et
de Bajazet, contre l'abus de menaces à leur encontre. Acomat
parle de sa « juste colère », tandis que Bajazet attire la
sympathie des janissaires pour être trop évidemment victime
de son frère. Le ferment de la violence dans l'Empire ottoman
réside dans l'absence de toute règle successorale qui permette
en droit de choisir entre les fils nés des favorites du sultan,

également en compétition : à chaque nouveau règne des bains de sang sont nécessaires pour s'imposer, puis se maintenir.

Or, *l'exercice passionnel du pouvoir par Amurat a son homologue dans la passion de Roxane, qui met son pouvoir, sa fureur et sa cruauté au service d'un amour forcené, indissociable d'une farouche volonté de la part de cette ancienne esclave d'accéder au statut de sultane légitimée par le mariage. Par le fait de la sultane et du sultan, la sanglante tuerie sur laquelle se clôt la tragédie, qui enveloppe dans une mort violente la plupart des personnages, revêt dans le contexte des mentalités turques un caractère d'inévitable nécessité. On reconnaît dans cette représentation la peinture classique du despotisme tel qu'au siècle suivant le théorisera* Montesquieu *dans l'*Esprit des lois *: « Dans le despotisme, un seul, sans loi et sans règle, entraîne tout par sa volonté et ses caprices. » Et de préciser que « chez les Turcs où tous les pouvoirs sont réunis sur la tête du sultan, il règne un affreux despotisme ». En particulier, « chaque prince de la famille royale ayant une égale capacité pour être élu, il arrive que celui qui monte sur le trône fait d'abord étrangler ses frères ».*

Cependant, *pour ce qui est du prince Bajazet, c'est à son corps défendant qu'il entreprend de se faire justice, en dépit des encouragements prodigués par Roxane :*

Vous n'entreprenez point une injuste carrière.
Vous repoussez, Seigneur, une main meurtrière :
L'exemple en est commun. Et, parmi les sultans
Ce chemin à l'empire a conduit de tout temps. (II, 1)

Bajazet incarne en effet, de façon insolite dans un milieu qui lui est étranger, la conscience morale appuyée sur le sens de la légitimité. Non seulement le prince se montre scrupuleux sur les moyens de parvenir, aussi bien devant le machiavélien Acomat interloqué, qui le conjure de promettre d'épouser sans s'engager à tenir parole, que devant Roxane, qu'il conjure de ne pas exiger une telle promesse ; mais encore il est rongé par un doute sur l'honnêteté même de ses demi-silences qui aident Roxane à se tromper elle-même. Un tel sentiment du juste et de l'injuste, qui le voue à l'inefficacité dans un monde de fauves, s'appuie sur la conviction de sa légitimité morale, fondée sur l'antériorité et la pureté de son amour béni par la sultane défunte, sur sa noblesse d'âme qui attire à lui les cœurs et fait de lui le seul digne héritier du « sang ottoman ». Or, le recours à des moyens impurs analogues à ceux de ses adversaires ruinerait cette légitimité morale, qui justifie son entreprise.

De la sorte, non sans anachronisme, Racine introduit au cœur de l'Orient sans lois le principe d'une monarchie régulée par le droit et la justice, et fondée sur l'honneur, telle que prétendent l'incarner les royaumes d'Occident héritiers du droit romain et imprégnés de l'esprit du christianisme. Cette insertion, qui met à nu les fondements politiques de l'Orient, invite en retour le public européen à confronter les principes des deux systèmes de gouvernement, et à s'interroger sur la pratique monarchique occidentale, dans le sillage de la réflexion engagée par Britannicus et Bérénice. En effet, le principe monarchique, qui trouve ses limites dans le respect des lois fondamentales du royaume, même non écrites, « se corrompt, commente Montesquieu, lorsque le prince change sa justice en sévérité », entendons en « tyrannie » : Titus, à qui la cour corrompue de Néron où il a été nourri *sert de repoussoir, résiste à la tentation de bafouer la loi romaine, alors que* Britannicus *montrait précisément le « monstre naissant » qu'est Néron s'émanciper jusqu'à empoisonner son demi-frère, rival potentiel et légitime à l'empire comme il l'est déjà dans le cœur de Junie. Cet acte inaugural de son règne personnel entraîne une dérive de l'empire vers un despotisme tyrannique fatal à Rome. Ainsi, tandis que triomphe dans l'euphorie générale l'absolutisme louis-quatorzien, la tragédie racinienne, plus fidèle qu'on ne croit à la vocation majeure du genre maintenue par Corneille, de réflexion politique et morale sur les périls de la condition royale, découvre dans le sujet turc de* Bajazet *un cas particulier, d'une actualité plus immédiate, de la démesure propre à la tragédie antique, l'hybris. Le haut-le-cœur de Mme de Sévigné face à la « grande tuerie » du dénouement, par-delà la révolte épidermique du goût, procède peut-être en partie de l'effroi ressenti au spectacle sinistre du possible devenir des empires.*

Une topographie poétique

Nul doute que l'imagination créatrice de Racine a été sollicitée par la topographie du sérail et la typologie traditionnelle de l'Orient. Plus précisément, chez le poète qu'est aussi, et peut-être d'abord, le dramaturge, la rêverie sur les lieux tragiques se matérialise en images bientôt associées en réseaux, qui structurent concrètement les divers plans de la tragédie. Par leur dynamisme, ces métaphores sont la marque d'un authentique poète de théâtre.

L'imagination visuelle s'applique en premier lieu au caractère particulier de l'action, lui-même dépendant de la configuration propre du sérail. Alors que dans la tragédie classique « parler c'est agir » selon une formule de l'abbé d'Aubignac, auteur écouté d'une Pratique du théâtre parue en 1657, il apparaît que dans Bajazet c'est marcher qui serait agir, puisque le plan échafaudé par le vizir n'attend plus qu'un signe pour s'inscrire dans les faits. La gestuelle accompagne et souligne la valse hésitation dans laquelle s'épuisent les discours : les verbes marquant le mouvement sont en effet nombreux, euphoriques au début, exhortatifs ensuite, jusqu'à leur complète négation pour finir. La pièce commence par « Viens, suis-moi », la première scène s'achève sur « on vient », et la seconde par « Allez, et revenez », tandis qu'un contre-ordre renvoie bientôt Acomat — « Vous pouvez retourner » (II, 2) — , qui toutefois a garde de s'éloigner — « Peut-être on vous fera revenir sur vos pas » (II, 4) — , car au point où son entreprise est « avancée » il lui « est désormais trop dur de reculer » (IV, 7). Sous le coup de l'urgence il s'agira bientôt de « courir », mais en vain, car Bajazet « ne marche pas », ou à contre-cœur, en dépit des incitations cycliques d'Atalide à « aller » de l'avant, et de l'invite pressante de Roxane à la suivre : « Venez, Seigneur, venez. Il est temps de paraître » (III, 5). Or broncher, ne pas céder au mouvement, c'est en fait se mettre hors jeu et « se perdre », se laisser happer par la mort, jusqu'au « Sortez » fatal prononcé par Roxane.

Bajazet prisonnier du sérail, dont les portes, y compris la Porte sacrée, ne s'ouvrent et ne se ferment que par ordre de Roxane, aspire à une sortie plus digne, tête haute :

Souffrez que Bajazet voie enfin la lumière.
Des murs de ce palais ouvrez-lui la barrière.
Déployez en son nom cet étendard fatal. (I, 2)

La barrière est aussi celle de la lice où il rêve de combat loyal
contre son frère :

Commencez maintenant. C'est à vous de courir
Dans le champ glorieux que j'ai su vous ouvrir.
Vous n'entreprenez point une injuste carrière. (II, 1)

C'est alors que la gestuelle, d'abord expression d'un « pas »
symbolique à sauter, se fait pleinement métaphorique pour
désigner les scrupules de conscience qui retiennent le héros
généreux, et suggérer les entraves apportées à son élan, sans
pour autant perdre son caractère concrètement physique :

Daignez m'ouvrir au trône un chemin légitime [...]
                                          (II, 1)
Bajazet touche presque au trône des sultans.
Il ne faut plus qu'un pas. Mais c'est où je l'attends.
                                          (I, 3)

Plus dure, en opposition à la vision ascensionnelle et lumi-
neuse des degrés du trône, est la retombée dans les tortueux
« détours du sérail », imaginés par Racine sur le modèle
archétypal du labyrinthe qui innervera Phèdre *par la suite,*
et dans lesquels il faut même parfois que « Par un chemin
obscur une esclave [...] guide » un Acomat. À plus forte
raison Bajazet serait-il incapable de s'en délivrer par ses
propres forces, d'autant qu'il renâcle devant les « indignes »
ou « injustes détours » de ses feintes, ces « détours si bas »
que lui reprochera Roxane. Car c'est en vain que dans ces
lieux « obscurs » on aspire à « s'éclaircir » pour dissiper
« l'ombrage » des cœurs...

Racine pousse jusqu'au bout les suggestions d'un cadre qui apparaît comme la figure des relations humaines et de l'action. La métaphore connexe des « nœuds » se prête en effet à qualifier la technique dramatique de la pièce :

Moi seule, j'ai tissu le lien malheureux
Dont tu viens d'éprouver les détestables nœuds,
(V, 12)

déplore Atalide. Simultanément, ces mêmes nœuds désignent très concrètement le lacet préparé pour la strangulation de Bajazet, dont Atalide n'a pas su éloigner la menace, alors qu'elle rêvait pour eux deux des « nœuds » plus doux de l'hyménée, dont Roxane tire un cruel effet d'ironie tragique :

Loin de vous séparer, je prétends aujourd'hui
Par des nœuds éternels vous unir avec lui.(V, 6)

Comme il couvre toute la tragédie, le réseau de métaphores inspirées par le sérail confère à la pièce une part de sa poésie et lui donne un sens symbolique.

La dimension symbolique de *Bajazet*

C'est à ce niveau que s'exerce le plus sûrement l'adaptation de la donnée orientale moderne aux schèmes antiques qui président d'ordinaire à l'inspiration tragique, revus par une sensibilité chrétienne.

Le jeu sur l'espace propre à Bajazet *est en effet à rapprocher des* Perses *d'Eschyle, cités par Racine dans la préface de 1676 pour autoriser son choix d'un sujet contemporain.*

Les deux œuvres reposent sur la distance séparant Babylone de la Grèce (et c'est sans doute une raison supplémentaire de l'élection de cette ville dans la pièce française), à cette différence qu'Eschyle ne pouvait que situer son action en Perse pour dépayser le public athénien. Mais dans l'un et l'autre cas un messager est attendu qui fera connaître l'issue d'une bataille décisive aux confins de l'empire — la bataille de Salamine dans la tragédie grecque — , qui doit changer le cours de l'histoire. De même que dans Bajazet, *et dès la première scène, tout est suspendu aux nouvelles du siège de Bagdad, dans* Les Perses *la reine mère, confinée dans l'espace clos du gynécée, attend dans l'impatience et l'angoisse le sort de l'entreprise de Xerxès contre les Grecs.*

Mais tandis que chez Eschyle la suspension du temps due à l'immensité des espaces à parcourir fournit l'occasion d'une sorte d'oratorio lyrique, dont le point d'orgue réside dans l'unique péripétie de l'annonce du désastre militaire, qui donne lieu à de pathétiques déplorations, Racine pour sa part s'appuie sur les techniques usuelles de la tragédie d'action moderne pour étoffer cette structure d'intérêts politico-amoureux, de façon à multiplier sur un rythme haletant péripéties et messages, qui toutefois s'annulent les uns les autres. Ces complications entraînées par la configuration du sérail, dont le resserrement a les mêmes effets sur la communication que les vastes espaces à franchir par les messagers, permettent de projeter au premier plan du théâtre une trépidante et stérile agitation de surface, qui recouvre l'attente immobile d'un événement déjà survenu.

Ce faisant, Racine réussit à ménager dans sa tragédie, légèrement en retrait, la part de lyrisme consubstantielle à la tragédie antique, qu'il venait avec Bérénice *de transposer dans le registre du tragique élégiaque (dont le* Pyrame

et Thisbé *de Théophile de Viau a fourni l'éclatant modèle*)
en germe dans la pastorale dramatique moderne. Alors que
Roxane incarne sur le mode majeur les fureurs activistes de
l'amour, génératrices de crainte, Atalide, et dans une moin-
dre mesure Bajazet, exhalent en mineur la souffrance et la
déploration pathétiques de qui sait dès longtemps au fond
de soi-même son avenir compromis, et sans doute condamné
— son amour peut-être, et sa vie, en tout cas son bonheur.
En cela Racine, que son génie va bientôt tourner plus évi-
demment vers le modèle grec de la tragédie avec Iphigénie
et Phèdre, *suit une voie constante de l'invention drama-*
tique : greffer sur un sujet emprunté de l'histoire, ici
moderne, un patron dramatique éprouvé par l'Antiquité,
qui transmue en structure signifiante les contingences de
l'anecdote.

    En particulier, la Poétique *d'Aristote invitait Racine à*
ramener tout sujet historique, ancien ou récent, au schéma
le plus propre à exciter les émotions de crainte et de pitié :
« C'est entre personnes amies que se produisent les événe-
ments tragiques, par exemple un frère qui tue son frère, est
sur le point de le tuer, ou commet contre lui quelque autre
forfait de ce genre, un fils qui agit de même envers son père,
ou une mère envers son fils, ou un fils envers sa mère »
(chap. 14). L'orphelin Racine observe avec constance ce pré-
cepte esthétique : Andromaque *était incitée à laisser périr*
son jeune fils Astyanax, Iphigénie *montrera Agamemnon*
près de sacrifier sa fille, et Phèdre *Thésée maudissant son*
fils promis à une mort certaine, de même que Mithridate
s'oublie jusqu'à vouloir condamner Xipharès en se mépre-
nant sur la nature de la rivalité de ses fils. Le motif des
frères ennemis est tout particulièrement affectionné de
Racine, dès l'inaugurale Thébaïde *où la haine pousse les*

fils jumeaux d'Œdipe, Étéocle et Polynice, à s'entretuer, mais aussi dans Britannicus, *qui voit Néron supprimer son demi-frère,* Iphigénie *même où le personnage inventé d'Ériphile a tout d'une sœur jumelle de l'héroïne acharnée à sa perte. Le sujet de* Bajazet *repose également sur une rivalité entre frères, sentimentale et politique, qui présente cet intérêt supplémentaire d'être structurellement, donc tragiquement, inhérente aux pratiques successorales ottomanes :*

Le frère rarement laisse jouir ses frères
De l'honneur dangereux d'être sortis d'un sang
Qui les a de trop près approchés de son rang. (I, 1)

On peut tenir pour assuré que cette donnée primordiale dans l'empire turc a été déterminante dans le choix du sujet par Racine, très proche des tragédies recommandées par Aristote, « composées sur l'histoire d'un petit nombre de maisons, par exemple sur Alcméon, Œdipe, Oreste, Méléagre, Thyeste, Télèphe et tous autres personnages à qui il est arrivé de souffrir ou de causer de semblables malheurs » (chap. 13).

   La rivalité entre frères, dont l'un est la victime imméritée d'un « dessein parricide », appelle naturellement par surimpression une lecture de type allégorique, familière à des mentalités accoutumées à reconnaître dans l'histoire des « gentils » comme une figure voilée de la révélation judéo-chrétienne. De même que la légende d'Iphigénie est constamment réinterprétée à la lumière de l'histoire de Jephté ou du sacrifice d'Abraham, le meurtre inique de Bajazet par le sultan Amurat renvoie au meurtre primordial d'Abel par son frère Caïn. Et cela d'autant mieux que le prince, après avoir vécu ses amours enfantines avec Atalide sous le regard protecteur d'une mère dans un climat de pureté innocente célébré avec nostalgie comme un Paradis perdu (I, 4 ; V, 4 et 6), a connu la Chute au sérail livré à l'état de nature, dont la barbarie orientale est dans son raffinement cruel une vivante représentation. Aussi, face aux images lumineuses d'un âge d'or pastoral révolu où l'action serait la sœur du rêve, le sérail, avec ses sinistres circonvolutions propres à suggérer l'égarement humain, et ses regards obliques épiant dans l'ombre regards et signes pour la perte des mortels, est une image tragique, et partiellement soustendue par la topographie des Enfers païens, de la condition proprement infernale de l'homme sur terre. Dans ce contexte, le nom turc du noir Orcan, le porteur de mort, paraît choisi pour rappeler le dieu latin des morts Orcus (dont dérive le français « ogre »), tandis que le cruel Amurat, l'ordonnateur suprême du diabolique manège, est lui-même chargé de connotations sataniques.

Le tragique inhérent à la condition humaine prend une dimension dérisoirement pathétique lorsque les justes, au lieu d'assumer noblement leur statut de victimes, essaient sinon de pactiser, du moins de temporiser ou de biaiser pour trouver une issue à leur dilemme. Car, comme le pressent Bajazet, et comme Phèdre le vérifiera plus tard, les compromis valent compromissions, qui ne peuvent que ternir la gloire sans apporter pour autant de remède. Soumis à la tentation pernicieuse du milieu, le héros a été un instant « séduit » du « droit chemin », non sans « repentir », tandis qu'Atalide, au terme d'un ultime examen de conscience, cède à la désespérance et se détruit. Bajazet doit aux sollicitations de l'Orient d'illustrer superbement, selon la vocation antique du genre, la tragédie de la finitude humaine, que Racine a adaptée à la vision pessimiste de

l'homme, d'inspiration augustinienne, qui marque la géné-
ration littéraire de 1660, de La Rochefoucauld à Nicole, de
Mme de La Fayette à Bossuet.

Ainsi, sa localisation en Orient est loin de faire de Bajazet *un cas atypique dans le théâtre de Racine. Sans avoir*
connu l'Orient, non plus que la mer dont pourtant l'évo-
cation se fait si suggestive dans son œuvre, le poète pressent,
comme Delacroix et les romantiques en feront sur place la
découverte, que l'Orient n'est rien d'autre que l'Antiquité
vivante. À ce titre, l'éloignement culturel autant que géo-
graphique de l'Empire ottoman creuse une distance propice
à l'élaboration poétique de la matière tragique, qui confère
à l'histoire revisitée par l'imagination une position privilé-
giée dans le théâtre de Racine. Bajazet *est à la charnière*
entre les sujets d'histoire romaine de Britannicus *et de* Bérénice *— ce dernier en voie déjà de mythisation — et les*
sujets grecs à venir, légendaire avec Iphigénie, *et propre-*
ment mythique dans Phèdre. *C'est donc l'un des « poèmes*
dramatiques », avec Bérénice *et avant* Phèdre, *où*
s'accomplit pleinement le génie racinien de la tragédie.

Christian Delmas

NOTE SUR LE TEXTE

Nous suivons le texte de l'édition de 1697 des *Œuvres* de Racine,
la dernière parue du vivant de l'auteur (Paris, D. Thierry, Cl. Bar-
bin ou Trabouillet, 2 vol. in-12). Nous modernisons l'orthographe,
mais conservons autant que possible la ponctuation d'origine, obli-
geamment vérifiée par Bénédicte Louvat. On trouvera dans les
notes les variantes présentées par les éditions antérieures.

Bajazet

Quoique le sujet de cette tragédie ne soit encore dans aucune histoire imprimée [1], il est pourtant très véritable. C'est une aventure arrivée dans le sérail, il n'y a pas plus de trente ans. M. le comte de Cézy était alors ambassadeur à Constantinople. Il fut instruit de toutes les particularités de la mort de Bajazet [2] ; et il y a quantité de personnes à la cour qui se souviennent de les lui avoir entendu conter lorsqu'il fut de retour en France. M. le chevalier de Nantouillet est du nombre de ces personnes. Et c'est à lui que je suis redevable de cette histoire, et même du dessein que j'ai pris d'en faire une tragédie [3]. J'ai été obligé pour cela de changer quelques circonstances. Mais comme ce changement n'est pas fort considérable, je ne pense pas aussi qu'il soit nécessaire de le marquer au lecteur. La principale chose à quoi je me suis attaché, ç'a été de ne rien changer ni aux mœurs, ni aux coutumes de la nation [4]. Et j'ai pris soin de ne rien avancer qui ne fût conforme à l'histoire des Turcs et à la nouvelle Relation de l'empire ottoman, que l'on a traduite de l'anglais [5]. Surtout je dois beaucoup aux avis de M. de La Haye [6], qui a eu la bonté de m'éclaircir sur toutes les difficultés que je lui ai proposées.

[SECONDE PRÉFACE, 1676 [1]]

Sultan Amurat, ou sultan Morat, empereur des Turcs, celui qui prit Babylone en 1638, a eu quatre frères. Le premier, c'est à savoir Osman, fut empereur avant lui, et régna environ trois ans, au bout desquels les janissaires lui ôtèrent l'empire et la vie. Le second se nommait Orcan. Amurat dès les premiers jours de son règne le fit étrangler [2]. Le troisième était Bajazet, prince de grande espérance, et c'est lui qui est le héros de ma tragédie. Amurat, ou par politique, ou par amitié, l'avait épargné jusqu'au siège de Babylone. Après la prise de cette ville le sultan victorieux envoya un ordre à Constantinople pour le faire mourir. Ce qui fut conduit et exécuté à peu près de la manière que je le représente. Amurat avait encore un frère, qui fut depuis le sultan Ibrahim, et que ce même Amurat négligea comme un prince stupide qui ne lui donnait point d'ombrage. Sultan Mahomet [3] qui règne aujourd'hui, est fils de cet Ibrahim, et par conséquent neveu de Bajazet.

Les particularités de la mort de Bajazet ne sont encore dans aucune histoire imprimée. Monsieur le comte de Cézy était ambassadeur à Constantinople lorsque cette aventure tragique arriva dans le sérail. Il fut instruit des amours de Bajazet, et des jalousies de la sultane. Il vit même plusieurs fois Bajazet, à qui on permettait de se promener quelquefois à la pointe du sérail sur le canal de la Mer noire. Monsieur le comte de Cézy disait que c'était un prince de bonne mine. Il a écrit depuis les circonstances de sa mort. Et il y a encore plusieurs personnes de qualité [1], qui se souviennent de lui en avoir entendu faire le récit lorsqu'il fut de retour en France.

Quelques lecteurs pourront s'étonner qu'on ait osé mettre sur la scène une histoire si récente. Mais je n'ai rien vu dans les règles du poème dramatique, qui dût me détourner de mon entreprise [2]. À la vérité je ne conseillerais pas à un auteur de prendre pour sujet d'une tragédie une action aussi moderne que celle-ci, si elle s'était passée dans le pays où il veut faire représenter sa tragédie, ni de mettre des héros sur le théâtre, qui auraient été connus de la plupart des spectateurs. Les personnages tragiques doivent être regardés d'un autre œil que nous ne regardons d'ordinaire les personnages que nous avons vus de si près. On peut dire que le respect que l'on a pour les héros, augmente à mesure qu'ils s'éloignent de nous. *Major e longinquo reverentia* [3]. L'éloignement des pays répare en quelque sorte la trop grande proximité des temps. Car le peuple ne met guère de différence entre ce qui est, si j'ose ainsi parler, à mille ans de lui, et ce qui en est à mille lieues. C'est ce qui fait, par exemple, que les personnages turcs, quelque modernes qu'ils soient, ont de la dignité sur notre théâtre. On les regarde de bonne heure comme anciens. Ce sont des mœurs et des coutumes toutes différentes. Nous avons si peu de commerce avec les princes et les autres personnes qui vivent dans le sérail, que nous les considérons, pour ainsi dire,

comme des gens qui vivent dans un autre siècle que
le nôtre.

C'était à peu près de cette manière que les Persans
étaient anciennement considérés des Athéniens.
Aussi le poète Eschyle ne fit point de difficulté
d'introduire dans une tragédie [1] la mère de Xerxès
qui était peut-être encore vivante, et de faire représenter sur le théâtre d'Athènes la désolation de la
cour de Perse, après la déroute de ce prince. Cependant ce même Eschyle s'était trouvé en personne à
la bataille de Salamine où Xerxès avait été vaincu. Et
il s'était trouvé encore à la défaite des lieutenants de
Darius père de Xerxès dans la plaine de Marathon.
Car Eschyle était homme de guerre, et il était frère
de ce fameux Cynégire, dont il est tant parlé dans
l'Antiquité, et qui mourut si glorieusement en atta-
quant un des vaisseaux du roi de Perse.

[Je me suis attaché à bien exprimer dans ma tragédie ce
que nous savons des mœurs et des maximes des Turcs [2].
Quelques gens ont dit que mes héroïnes étaient trop
savantes en amour, et trop délicates pour des femmes nées
parmi des peuples qui passent ici pour barbares. Mais sans
parler de tout ce qu'on lit dans les relations des voyageurs,
il me semble qu'il suffit de dire que la scène est dans le
sérail. En effet, y a-t-il une cour au monde où la jalousie et
l'amour doivent être si bien connues que dans un lieu où
tant de rivales sont enfermées ensemble, et où toutes ces
femmes n'ont point d'autre étude, dans une éternelle oisiveté, que d'apprendre à plaire et à se faire aimer ? Les
hommes vraisemblablement n'y aiment pas avec la même
délicatesse. Aussi ai-je pris soin de mettre une grande différence entre la passion de Bajazet, et les tendresses de ses
amantes. Il garde au milieu de son amour la férocité [3] de
la nation. Et si l'on trouve étrange qu'il consente plutôt de

mourir, que d'abandonner ce qu'il aime, et d'épouser ce qu'il n'aime pas, il ne faut que lire l'histoire des Turcs, on verra partout le mépris qu'ils font de la vie, on verra en plusieurs endroits à quels excès ils portent les passions, et ce que la simple amitié est capable de leur faire faire. Témoin un des fils de Soliman, qui se tua lui-même sur le corps de son frère aîné qu'il aimait tendrement, et que l'on avait fait mourir pour lui assurer l'empire [1].]

ACTEURS [1].

BAJAZET, frère du sultan Amurat.
ROXANE, sultane, favorite du sultan Amurat.
ATALIDE, fille du sang ottoman.
ACOMAT, grand vizir.
OSMIN, confident du grand vizir.
ZATIME, esclave de la sultane.
ZAÏRE, esclave d'Atalide.

*La scène est à Constantinople, autrement dite Byzance,
dans le sérail du Grand-Seigneur [2].*

BAJAZET

Tragédie

ACTE I

SCÈNE PREMIÈRE

ACOMAT, OSMIN

ACOMAT

Viens, suis-moi. La sultane en ce lieu [1] se doit rendre.
Je pourrai cependant te parler, et t'entendre.

OSMIN

Et depuis quand Seigneur, entre-t-on dans ces lieux,
Dont l'accès était même interdit à nos yeux ?
5 Jadis une mort prompte eût suivi cette audace.

ACOMAT

Quand tu seras instruit de tout ce qui se passe,
Mon entrée en ces lieux ne te surprendra plus.
Mais laissons, cher Osmin, les discours superflus.
Que ton retour tardait à mon impatience !
10 Et que d'un œil content je te vois dans Byzance !
Instruis-moi des secrets que peut t'avoir appris
Un voyage si long pour moi seul entrepris.

De ce qu'ont vu tes yeux parle en témoin sincère.
Songe que du récit, Osmin, que tu vas faire,
15 Dépendent les destins de l'empire ottoman.
Qu'as-tu vu dans l'armée, et que fait le sultan ?

OSMIN

Babylone, Seigneur, à son prince fidèle,
Voyait sans s'étonner [1] notre armée autour d'elle,
Les Persans rassemblés marchaient à son secours,
20 Et du camp d'Amurat s'approchaient tous les jours.
Lui-même fatigué d'un long siège inutile,
Semblait vouloir laisser [2] Babylone tranquille,
Et sans renouveler ses assauts impuissants,
Résolu de combattre, attendait les Persans.
25 Mais, comme vous savez, malgré ma diligence,
Un long chemin sépare et le camp et Byzance.
Mille obstacles divers m'ont même traversé [3],
Et je puis ignorer tout ce qui s'est passé.

ACOMAT

Que faisaient cependant nos braves janissaires [4] ?
30 Rendent-ils au sultan des hommages sincères ?
Dans le secret des cœurs, Osmin, n'as-tu rien lu ?
Amurat jouit-il d'un pouvoir absolu ?

OSMIN

Amurat est content, si nous le voulons croire,
Et semblait se promettre une heureuse victoire.
35 Mais en vain par ce calme il croit nous éblouir.
Il affecte un repos dont il ne peut jouir.
C'est en vain que forçant ses soupçons ordinaires
Il se rend accessible à tous les janissaires.
Il se souvient toujours que son inimitié

40 Voulut de ce grand corps retrancher la moitié,
Lorsque pour affermir sa puissance nouvelle
Il voulait, disait-il, sortir de leur tutelle.
Moi-même j'ai souvent entendu leurs discours,
Comme il les craint sans cesse ils le craignent tou-
[jours [1]
45 Ses caresses n'ont point effacé cette injure.
Votre absence est pour eux un sujet de murmure.
Ils regrettent le temps à leur grand cœur si doux,
Lorsque assurés de vaincre ils combattaient sous vous.

ACOMAT

Quoi ! tu crois, cher Osmin, que ma gloire passée
50 Flatte encor leur valeur, et vit dans leur pensée ?
Crois-tu qu'ils me suivraient encore avec plaisir,
Et qu'ils reconnaîtraient la voix de leur vizir [2] ?

OSMIN

Le succès [3] du combat réglera leur conduite.
Il faut voir du sultan la victoire ou la fuite.
55 Quoique à regret, Seigneur, ils marchent sous ses lois,
Ils ont à soutenir le bruit de leurs exploits.
Ils ne trahiront point l'honneur de tant d'années.
Mais enfin le succès dépend des destinées.
Si l'heureux Amurat secondant leur grand cœur
60 Aux champs de Babylone est déclaré vainqueur,
Vous les verrez soumis rapporter dans Byzance
L'exemple d'une aveugle et basse obéissance.
Mais si dans le combat [4] le destin plus puissant
Marque de quelque affront son empire naissant ;
65 S'il fuit, ne doutez point que fiers de sa disgrâce [5]
À la haine bientôt ils ne joignent l'audace,

Et n'expliquent, Seigneur, la perte du combat,
Comme un arrêt du ciel qui réprouve Amurat.
Cependant, s'il en faut croire la renommée,
70 Il a depuis trois mois fait partir de l'armée
Un esclave chargé de quelque ordre secret.
Tout le camp interdit tremblait pour Bajazet.
On craignait qu'Amurat par un ordre sévère
N'envoyât demander la tête de son frère [1].

ACOMAT

75 Tel était son dessein. Cet esclave est venu.
Il a montré son ordre et n'a rien obtenu.

OSMIN

Quoi, Seigneur ! le sultan reverra son visage,
Sans que de vos respects il lui porte ce gage ?

ACOMAT

Cet esclave n'est plus. Un ordre, cher Osmin,
80 L'a fait précipiter dans le fond de l'Euxin [2].

OSMIN

Mais le sultan surpris d'une trop longue absence,
En cherchera bientôt la cause et la vengeance.
Que lui répondrez-vous ?

ACOMAT

                        Peut-être avant ce temps
Je saurai l'occuper de soins plus importants.
85 Je sais bien qu'Amurat a juré ma ruine.
Je sais à son retour l'accueil qu'il me destine.
Tu vois pour m'arracher du cœur de ses soldats,

Qu'il va chercher sans moi les sièges, les combats.
Il commande l'armée. Et moi dans une ville
90 Il me laisse exercer un pouvoir inutile.
Quel emploi, quel séjour, Osmin, pour un vizir !
Mais j'ai plus dignement employé ce loisir.
J'ai su lui préparer des craintes et des veilles.
Et le bruit en ira bientôt à ses oreilles.

OSMIN

95 Quoi donc ? Qu'avez-vous fait ?

ACOMAT

                    J'espère qu'aujourd'hui
Bajazet se déclare, et Roxane avec lui.

OSMIN

Quoi ! Roxane, Seigneur, qu'Amurat a choisie
Entre tant de beautés, dont l'Europe et l'Asie
Dépeuplent leurs États et remplissent sa cour ?
100 Car on dit qu'elle seule a fixé son amour.
Et même il a voulu que l'heureuse Roxane,
Avant qu'elle eût un fils, prît le nom de sultane [1].

ACOMAT

Il a fait plus pour elle, Osmin. Il a voulu
Qu'elle eût dans son absence un pouvoir absolu.
105 Tu sais de nos sultans les rigueurs ordinaires.
Le frère rarement laisse jouir ses frères
De l'honneur dangereux d'être sortis d'un sang,
Qui les a de trop près approchés de son rang.
L'imbécile Ibrahim, sans craindre sa naissance [2],
110 Traîne, exempt de péril, une éternelle enfance.

Indigne également de vivre et de mourir,
On l'abandonne aux mains qui daignent le nourrir.
L'autre trop redoutable, et trop digne d'envie,
Voit sans cesse Amurat armé contre sa vie.
115 Car enfin Bajazet dédaigna de tout temps
La molle oisiveté des enfants des sultans.
Il vint chercher la guerre au sortir de l'enfance,
Et même en fit sous moi la noble expérience [1].
Toi-même tu l'as vu courir dans les combats
120 Emportant après lui tous les cœurs des soldats,
Et goûter tout sanglant le plaisir et la gloire
Que donne aux jeunes cœurs la première victoire.
Mais malgré ses soupçons le cruel Amurat,
Avant qu'un fils naissant eût rassuré l'État,
125 N'osait sacrifier ce frère à sa vengeance,
Ni du sang ottoman proscrire l'espérance [2].
Ainsi donc pour un temps Amurat désarmé
Laissa dans le sérail Bajazet enfermé.
Il partit, et voulut que fidèle à sa haine,
130 Et des jours de son frère arbitre souveraine,
Roxane au moindre bruit, et sans autres raisons,
Le fît sacrifier à ses moindres soupçons.
Pour moi, demeuré seul, une juste colère
Tourna bientôt mes vœux du côté de son frère.
135 J'entretins la sultane, et cachant mon dessein,
Lui montrai d'Amurat le retour incertain,
Les murmures du camp, la fortune des armes.
Je plaignis Bajazet. Je lui vantai ses charmes,
Qui par un soin jaloux dans l'ombre retenus,
140 Si voisins de ses yeux, leur étaient inconnus.
Que te dirai-je enfin ? La sultane éperdue
N'eut plus d'autres désirs que celui de sa vue.

OSMIN

Mais pouvaient-ils tromper tant de jaloux regards
Qui semblent mettre entre eux d'invincibles rem-
[parts ?

ACOMAT

145 Peut-être il te souvient qu'un récit peu fidèle
De la mort d'Amurat fit courir la nouvelle.
La sultane à ce bruit feignant de s'effrayer,
Par des cris douloureux eut soin de l'appuyer.
Sur la foi de ses pleurs ses esclaves tremblèrent.
150 De l'heureux Bajazet les gardes se troublèrent,
Et les dons [1] achevant d'ébranler leur devoir,
Leurs captifs dans ce trouble osèrent s'entrevoir [2].
Roxane vit le prince. Elle ne put lui taire
L'ordre dont elle seule était dépositaire.
155 Bajazet est aimable [3]. Il vit que son salut
Dépendait de lui plaire, et bientôt il lui plut.
Tout conspirait pour lui. Ses soins, sa complaisance,
Ce secret découvert, et cette intelligence,
Soupirs d'autant plus doux qu'il les fallait celer,
160 L'embarras irritant de ne s'oser parler,
Même témérité, périls, craintes communes,
Lièrent pour jamais leurs cœurs et leurs fortunes.
Ceux mêmes dont les yeux les devaient éclairer [4],
Sortis de leur devoir, n'osèrent y rentrer.

OSMIN

165 Quoi ! Roxane d'abord leur découvrant son âme,
Osa-t-elle à leurs yeux faire éclater sa flamme ?

ACOMAT

Ils l'ignorent encore ; et jusques à ce jour,
Atalide a prêté son nom à cet amour.

Du père d'Amurat Atalide est la nièce,
170 Et même avec ses fils partageant sa tendresse,
Elle a vu son enfance élevée avec eux [1].
Du prince en apparence elle reçoit les vœux ;
Mais elle les reçoit pour les rendre à Roxane,
Et veut bien sous son nom qu'il aime la sultane.
175 Cependant, cher Osmin, pour s'appuyer de moi,
L'un et l'autre ont promis Atalide à ma foi.

OSMIN

Quoi ! vous l'aimez, Seigneur ?

ACOMAT

               Voudrais-tu qu'à mon âge
Je fisse de l'amour le vil apprentissage ?
Qu'un cœur qu'ont endurci la fatigue et les ans,
180 Suivît d'un vain plaisir les conseils imprudents ?
C'est par d'autres attraits qu'elle plaît à ma vue.
J'aime en elle le sang dont elle est descendue.
Par elle Bajazet, en m'approchant de lui,
Me va contre lui-même assurer un appui.
185 Un vizir aux sultans fait toujours quelque ombrage :
À peine ils l'ont choisi, qu'ils craignent leur ouvrage.
Sa dépouille est un bien, qu'ils veulent recueillir,
Et jamais leurs chagrins ne nous laissent vieillir.
Bajazet aujourd'hui m'honore et me caresse.
190 Ses périls tous les jours réveillent sa tendresse.
Ce même Bajazet sur le trône affermi
Méconnaîtra peut-être un inutile ami.
Et moi, si mon devoir, si ma foi ne l'arrête,
S'il ose quelque jour me demander ma tête...
195 Je ne m'explique point, Osmin. Mais je prétends
Que du moins il faudra la demander longtemps.

Je sais rendre aux sultans de fidèles services.
Mais je laisse au vulgaire adorer leurs caprices,
Et ne me pique point du scrupule insensé
200 De bénir mon trépas quand ils l'ont prononcé.
    Voilà donc de ces lieux ce qui m'ouvre l'entrée,
Et comme enfin Roxane à mes yeux s'est montrée.
Invisible d'abord elle entendait ma voix,
Et craignait du sérail les rigoureuses lois.
205 Mais enfin bannissant cette importune crainte
Qui dans nos entretiens jetait trop de contrainte,
Elle-même a choisi cet endroit écarté,
Où nos cœurs à nos yeux parlent en liberté.
Par un chemin obscur une esclave me guide,
210 Et... Mais on vient. C'est elle, et sa chère Atalide.
Demeure. Et s'il le faut, sois prêt à confirmer
Le récit important dont je vais l'informer.

SCÈNE II

ROXANE, ATALIDE, ZATIME,
ZAÏRE, ACOMAT, OSMIN

ACOMAT

La vérité s'accorde avec la renommée,
Madame, Osmin a vu le sultan, et l'armée.
215 Le superbe Amurat [1] est toujours inquiet,
Et toujours tous les cœurs penchent vers Bajazet.
D'une commune voix ils l'appellent au trône.
Cependant les Persans marchaient vers Babylone,
Et bientôt les deux camps aux pieds de son rempart

220 Devaient de la bataille éprouver le hasard.
Ce combat doit, dit-on, fixer nos destinées.
Et même, si d'Osmin je compte les journées,
Le ciel en a déjà réglé l'événement,
Et le sultan triomphe, ou fuit en ce moment.
225 Déclarons-nous, Madame, et rompons le silence.
Fermons-lui dès ce jour les portes de Byzance.
Et sans nous informer s'il triomphe, ou s'il fuit,
Croyez-moi, hâtons-nous d'en prévenir le bruit.
S'il fuit, que craignez-vous ? S'il triomphe au contraire,
230 Le conseil le plus prompt est le plus salutaire[1].
Vous voudrez, mais trop tard, soustraire à son pou-
                                                [voir
Un peuple dans ses murs prêt à le recevoir.
Pour moi, j'ai su déjà par mes brigues secrètes
Gagner de notre loi les sacrés interprètes[2].
235 Je sais combien crédule en sa dévotion
Le peuple suit le frein de la religion.
Souffrez que Bajazet voie enfin la lumière.
Des murs de ce palais ouvrez-lui la barrière.
Déployez en son nom cet étendard fatal[3],
240 Des extrêmes périls l'ordinaire signal.
Les peuples prévenus de ce nom favorable[4],
Savent que sa vertu le rend seule coupable.
D'ailleurs, un bruit confus, par mes soins confirmé,
Fait croire heureusement à ce peuple alarmé,
245 Qu'Amurat le dédaigne, et veut loin de Byzance
Transporter désormais son trône et sa présence[5].
Déclarons le péril dont son frère est pressé.
Montrons l'ordre cruel qui vous fut adressé.
Surtout qu'il se déclare et se montre lui-même,
250 Et fasse voir ce front digne du diadème.

ROXANE

Il suffit. Je tiendrai tout ce que j'ai promis.
Allez brave Acomat, assembler vos amis.
De tous leurs sentiments venez me rendre compte.
Je vous rendrai moi-même une réponse prompte.
255 Je verrai Bajazet. Je ne puis dire rien,
Sans savoir si son cœur s'accorde avec le mien.
Allez, et revenez.

SCÈNE III

ROXANE, ATALIDE, ZATIME, ZAÏRE

ROXANE

Enfin, belle Atalide,
Il faut de nos destins que Bajazet décide.
Pour la dernière fois je le vais consulter.
260 Je vais savoir s'il m'aime.

ATALIDE

Est-il temps d'en douter,
Madame ? Hâtez-vous d'achever votre ouvrage.
Vous avez du vizir entendu le langage.
Bajazet vous est cher. Savez-vous si demain
Sa liberté, ses jours, seront en votre main ?
265 Peut-être en ce moment Amurat en furie
S'approche pour trancher une si belle vie.
Et pourquoi de son cœur doutez-vous aujourd'hui ?

ROXANE

Mais m'en répondez-vous, vous qui parlez pour lui ?

ATALIDE

Quoi, Madame ! les soins qu'il a pris pour vous plaire,
270 Ce que vous avez fait, ce que vous pouvez faire,
Ses périls, ses respects, et surtout vos appas,
Tout cela de son cœur ne vous répond-il pas ?
Croyez que vos bontés vivent dans sa mémoire.

ROXANE

Hélas ! pour mon repos que ne le puis-je croire ?
275 Pourquoi faut-il au moins que pour me consoler
L'ingrat ne parle pas comme on le fait parler ?
Vingt fois, sur vos discours pleine de confiance,
Du trouble de son cœur jouissant par avance,
Moi-même j'ai voulu m'assurer de sa foi,
280 Et l'ai fait en secret amener devant moi [1].
Peut-être trop d'amour me rend trop difficile.
Mais sans vous fatiguer d'un récit inutile,
Je ne retrouvais point ce trouble, cette ardeur,
Que m'avait tant promis un discours trop flatteur [2].
285 Enfin si je lui donne et la vie et l'empire
Ces gages incertains ne me peuvent suffire.

ATALIDE

Quoi donc ? À son amour qu'allez-vous proposer ?

ROXANE

S'il m'aime, dès ce jour il me doit épouser.

ATALIDE

Vous épouser ! ô ciel ! que prétendez-vous faire ?

ROXANE

290 Je sais que des sultans l'usage m'est contraire.
Je sais qu'ils se sont fait une superbe loi
De ne point à l'hymen assujettir leur foi.
Parmi tant de beautés qui briguent leur tendresse,
Ils daignent quelquefois choisir une maîtresse,
295 Mais toujours inquiète avec tous ses appas,
Esclave, elle reçoit son maître dans ses bras ;
Et sans sortir du joug où leur loi la condamne,
Il faut qu'un fils naissant la déclare sultane.
Amurat plus ardent, et seul jusqu'à ce jour
300 A voulu que l'on dût ce titre à son amour.
J'en reçus la puissance aussi bien que le titre,
Et des jours de son frère il me laissa l'arbitre.
Mais ce même Amurat ne me promit jamais
Que l'hymen dût un jour couronner ses bienfaits.
305 Et moi, qui n'aspirais qu'à cette seule gloire,
De ses autres bienfaits j'ai perdu la mémoire.
Toutefois, que sert-il de me justifier ?
Bajazet, il est vrai, m'a tout fait oublier.
Malgré tous ses malheurs plus heureux que son
[frère
310 Il m'a plu, sans peut-être aspirer à me plaire.
Femmes, gardes, vizir, pour lui j'ai tout séduit.
En un mot vous voyez jusqu'où je l'ai conduit.
Grâces à mon amour, je me suis bien servie
Du pouvoir qu'Amurat me donna sur sa vie.
315 Bajazet touche presque au trône des sultans.
Il ne faut plus qu'un pas. Mais c'est où je l'attends.

Malgré tout mon amour [1], si dans cette journée
Il ne m'attache à lui par un juste hyménée,
S'il ose m'alléguer une odieuse loi,
320 Quand je fais tout pour lui, s'il ne fait tout pour moi,
Dès le même moment sans songer si je l'aime,
Sans consulter enfin si je me perds moi-même,
J'abandonne l'ingrat, et le laisse rentrer
Dans l'état malheureux, d'où je l'ai su tirer.
325   Voilà sur quoi je veux que Bajazet prononce.
Sa perte ou son salut dépend de sa réponse.
Je ne vous presse point de vouloir aujourd'hui
Me prêter votre voix pour m'expliquer à lui.
Je veux que devant moi sa bouche, et son visage,
330 Me découvrent son cœur, sans me laisser d'ombrage,
Que lui-même en secret amené dans ces lieux,
Sans être préparé se présente à mes yeux.
Adieu, vous saurez tout après cette entrevue.

SCÈNE IV

ATALIDE, ZAÏRE

ATALIDE

Zaïre, c'en est fait [2], Atalide est perdue.

ZAÏRE

335 Vous !

ATALIDE

     Je prévois déjà tout ce qu'il faut prévoir.
Mon unique espérance est dans mon désespoir [3].

ZAÏRE

Mais, Madame, pourquoi ?

ATALIDE

           Si tu venais d'entendre
Quel funeste dessein Roxane vient de prendre,
Quelles conditions elle veut imposer !
340 Bajazet doit périr, dit-elle, ou l'épouser.
S'il se rend, que deviens-je en ce malheur extrême ?
Et s'il ne se rend pas, que devient-il lui-même ?

ZAÏRE

Je conçois ce malheur. Mais à ne point mentir
Votre amour dès longtemps a dû le pressentir.

ATALIDE

345 Ah, Zaïre ! l'amour a-t-il tant de prudence ?
Tout semblait avec nous être d'intelligence.
Roxane se livrant tout entière à ma foi,
Du cœur de Bajazet se reposait sur moi,
M'abandonnait le soin de tout ce qui le touche,
350 Le voyait par mes yeux, lui parlait par ma bouche,
Et je croyais toucher au bienheureux moment,
Où j'allais par ses mains couronner mon amant.
Le ciel s'est déclaré contre mon artifice.
Et que fallait-il donc, Zaïre, que je fisse ?
355 À l'erreur de Roxane, ai-je dû m'opposer [1],
Et perdre mon amant pour la désabuser ?
Avant que dans son cœur cette amour fût formée,
J'aimais, et je pouvais m'assurer d'être aimée.
Dès nos plus jeunes ans, tu t'en souviens assez,

360 L'amour serra les nœuds par le sang commencés.
Élevée avec lui dans le sein de sa mère,
J'appris à distinguer Bajazet de son frère ;
Elle-même avec joie unit nos volontés ;
Et quoique après sa mort l'un de l'autre écartés,
365 Conservant sans nous voir le désir de nous plaire,
Nous avons su toujours nous aimer et nous taire.
Roxane, qui depuis, loin de s'en défier,
À ses desseins secrets voulut m'associer,
Ne put voir sans amour ce héros trop aimable,
370 Elle courut lui tendre une main favorable.
Bajazet étonné rendit grâce à ses soins,
Lui rendit des respects. Pouvait-il faire moins ?
Mais qu'aisément l'amour croit tout ce qu'il sou-
                                        [haite !
De ses moindres respects Roxane satisfaite
375 Nous engagea tous deux, par sa facilité,
À la laisser jouir de sa crédulité.
Zaïre, il faut pourtant avouer ma faiblesse.
D'un mouvement jaloux je ne fus pas maîtresse.
Ma rivale accablant mon amant de bienfaits,
380 Opposait un empire à mes faibles attraits.
Mille soins la rendaient présente à sa mémoire.
Elle l'entretenait de sa prochaine gloire.
Et moi je ne puis rien. Mon cœur pour tous discours
N'avait que des soupirs qu'il répétait toujours.
385 Le ciel seul sait combien j'en ai versé de larmes.
Mais enfin Bajazet dissipa mes alarmes.
Je condamnai mes pleurs, et jusques aujourd'hui
Je l'ai pressé de feindre, et j'ai parlé pour lui.
Hélas ! tout est fini. Roxane méprisée
390 Bientôt de son erreur sera désabusée.
Car enfin Bajazet ne sait point se cacher.

Je connais sa vertu prompte à s'effaroucher [1].
Il faut qu'à tous moments tremblante et secourable,
Je donne à ses discours un sens plus favorable.
395 Bajazet va se perdre. Ah ! si comme autrefois,
Ma rivale eût voulu lui parler par ma voix !
Au moins si j'avais pu préparer son visage !
Mais, Zaïre, je puis l'attendre à son passage [2].
D'un mot, ou d'un regard je puis le secourir.
400 Qu'il l'épouse en un mot plutôt que de périr.
Si Roxane le veut, sans doute il faut qu'il meure.
Il se perdra, te dis-je. Atalide demeure.
Laisse, sans t'alarmer, ton amant sur sa foi.
Penses-tu mériter qu'on se perde pour toi ?
405 Peut-être Bajazet secondant ton envie,
Plus que tu ne voudras, aura soin de sa vie.

ZAÏRE

Ah dans quels soins, Madame, allez-vous vous
                              [plonger ?
Toujours avant le temps faut-il vous affliger ?
Vous n'en pouvez douter, Bajazet vous adore.
410 Suspendez, ou cachez l'ennui qui vous dévore [3].
N'allez point par vos pleurs déclarer vos amours.
La main qui l'a sauvé le sauvera toujours,
Pourvu qu'entretenue en son erreur fatale [4]
Roxane jusqu'au bout ignore sa rivale.
415 Venez en d'autres lieux enfermer vos regrets,
Et de leur entrevue attendre le succès.

ATALIDE

Eh bien, Zaïre, allons. Et toi, si ta justice
De deux jeunes amants veut punir l'artifice,

Ô ciel ! si notre amour est condamné de toi,
420 Je suis la plus coupable, épuise tout sur moi.

Fin du premier Acte.

ACTE II

SCÈNE PREMIÈRE

BAJAZET, ROXANE

ROXANE

Prince, l'heure fatale est enfin arrivée
Qu'à votre liberté le ciel a réservée.
Rien ne me retient plus, et je puis dès ce jour
Accomplir le dessein qu'a formé mon amour.
425 Non que vous assurant d'un triomphe facile,
Je mette entre vos mains un empire tranquille ;
Je fais ce que je puis, je vous l'avais promis.
J'arme votre valeur contre vos ennemis.
J'écarte de vos jours un péril manifeste.
430 Votre vertu [1], Seigneur, achèvera le reste.
Osmin a vu l'armée, elle penche pour vous.
Les chefs de notre loi conspirent avec nous.
Le vizir Acomat vous répond de Byzance.
Et moi, vous le savez, je tiens sous ma puissance
435 Cette foule de chefs, d'esclaves, de muets,
Peuple, que dans ses murs renferme ce palais,

Et dont à ma faveur les âmes asservies
M'ont vendu dès longtemps leur silence et leurs vies.
Commencez maintenant. C'est à vous de courir
440 Dans le champ glorieux que j'ai su vous ouvrir.
Vous n'entreprenez point une injuste carrière [1].
Vous repoussez, Seigneur, une main meurtrière.
L'exemple en est commun. Et, parmi les sultans
Ce chemin à l'empire a conduit de tout temps.
445 Mais pour mieux commencer, hâtons-nous l'un et
[l'autre
D'assurer à la fois mon bonheur et le vôtre.
Montrez à l'univers, en m'attachant à vous,
Que quand je vous servais, je servais mon époux [2] ;
Et par le nœud sacré d'un heureux hyménée
450 Justifiez la foi que je vous ai donnée.

BAJAZET

Ah ! que proposez-vous, Madame ?

ROXANE

Hé quoi, Seigneur ?
Quel obstacle secret trouble notre bonheur ?

BAJAZET

Madame, ignorez-vous que l'orgueil de l'empire...
Que ne m'épargnez-vous la douleur de le dire ?

ROXANE

455 Oui, je sais que depuis qu'un de vos empereurs,
Bajazet [3], d'un barbare éprouvant les fureurs,
Vit au char du vainqueur son épouse enchaînée,
Et par toute l'Asie à sa suite traînée,
De l'honneur ottoman ses successeurs jaloux

460 Ont daigné rarement prendre le nom d'époux.
Mais l'amour ne suit point ces lois imaginaires,
Et sans vous rapporter des exemples vulgaires,
Soliman (vous savez qu'entre tous vos aïeux,
Dont l'univers a craint le bras victorieux,
465 Nul n'éleva si haut la grandeur ottomane)
Ce Soliman jeta les yeux sur Roxelane [1].
Malgré tout son orgueil, ce monarque si fier
À son trône, à son lit daigna l'associer,
Sans qu'elle eût d'autres droits au rang d'impératrice
470 Qu'un peu d'attraits peut-être, et beaucoup d'arti-
[fice.

BAJAZET

Il est vrai. Mais aussi voyez ce que je puis,
Ce qu'était Soliman, et le peu que je suis.
Soliman jouissait d'une pleine puissance,
L'Égypte ramenée à son obéissance,
475 Rhodes, des Ottomans ce redoutable écueil
De tous ses défenseurs devenu le cercueil,
Du Danube asservi les rives désolées,
De l'empire persan les bornes reculées,
Dans leurs climats brûlants les Africains domptés,
480 Faisaient taire les lois devant ses volontés [2].
Que suis-je ? J'attends tout du peuple, et de l'armée.
Mes malheurs font encor toute ma renommée.
Infortuné, proscrit, incertain de régner,
Dois-je irriter les cœurs, au lieu de les gagner ?
485 Témoins de nos plaisirs plaindront-ils nos misères ?
Croiront-ils mes périls, et vos larmes sincères ?
Songez, sans me flatter du sort de Soliman,
Au meurtre tout récent du malheureux Osman.
Dans leur rébellion les chefs des janissaires

490 Cherchant à colorer leurs desseins sanguinaires,
Se crurent à sa perte assez autorisés
Par le fatal hymen que vous me proposez [1].
Que vous dirai-je enfin ? Maître de leur suffrage,
Peut-être avec le temps j'oserai davantage.
495 Ne précipitons rien. Et daignez commencer
À me mettre en état de vous récompenser.

ROXANE

Je vous entends, Seigneur. Je vois mon imprudence.
Je vois que rien n'échappe à votre prévoyance.
Vous avez pressenti jusqu'au moindre danger
500 Où mon amour trop prompt vous allait engager.
Pour vous, pour votre honneur vous en craignez les
[suites,
Et je le crois, Seigneur, puisque vous me le dites.
Mais avez-vous prévu, si vous ne m'épousez,
Les périls plus certains où vous vous exposez ?
505 Songez-vous que sans moi tout vous devient
[contraire,
Que c'est à moi surtout qu'il importe de plaire ?
Songez-vous que je tiens les portes du palais,
Que je puis vous l'ouvrir, ou fermer pour jamais,
Que j'ai sur votre vie un empire suprême,
510 Que vous ne respirez qu'autant que je vous aime ?
Et sans ce même amour qu'offensent vos refus,
Songez-vous, en un mot, que vous ne seriez plus [2] ?

BAJAZET

Oui, je tiens tout de vous, et j'avais lieu de croire,
Que c'était pour vous-même une assez grande gloire,
515 En voyant devant moi tout l'empire à genoux,
De m'entendre avouer que je tiens tout de vous.

Je ne m'en défends point. Ma bouche le confesse,
Et mon respect saura le confirmer sans cesse.
Je vous dois tout mon sang. Ma vie est votre bien.
520 Mais enfin voulez-vous...

ROXANE

            Non, je ne veux plus rien.
Ne m'importune plus de tes raisons forcées.
Je vois combien tes vœux sont loin de mes pensées.
Je ne te presse plus, ingrat, d'y consentir.
Rentre dans le néant dont je t'ai fait sortir.
525 Car enfin qui m'arrête ? Et quelle autre assurance
Demanderais-je encor de son indifférence ?
L'ingrat est-il touché de mes empressements ?
L'amour même entre-t-il dans ses raisonnements ?
Ah ! je vois tes desseins. Tu crois, quoi que je fasse,
530 Que mes propres périls t'assurent de ta grâce,
Qu'engagée avec toi par de si forts liens,
Je ne puis séparer tes intérêts des miens.
Mais je m'assure encore aux bontés de ton frère.
Il m'aime, tu le sais. Et malgré sa colère
535 Dans ton perfide sang je puis tout expier,
Et ta mort suffira pour me justifier.
N'en doute point, j'y cours, et dès ce moment même.
    Bajazet, écoutez, je sens que je vous aime.
Vous vous perdez. Gardez de me laisser sortir.
540 Le chemin est encore ouvert au repentir.
Ne désespérez point une amante en furie.
S'il m'échappait un mot, c'est fait de votre vie.

BAJAZET

Vous pouvez me l'ôter, elle est entre vos mains.
Peut-être que ma mort utile à vos desseins,

545 De l'heureux Amurat obtenant votre grâce,
Vous rendra dans son cœur votre première place.

ROXANE

Dans son cœur ? Ah ! crois-tu quand il le voudrait
[bien,
Que si je perds l'espoir de régner dans le tien,
D'une si douce erreur si longtemps possédée,
550 Je puisse désormais souffrir une autre idée,
Ni que je vive enfin, si je ne vis pour toi ?
Je te donne, cruel, des armes contre moi,
Sans doute, et je devrais retenir ma faiblesse.
Tu vas en triompher. Oui, je te le confesse,
555 J'affectais à tes yeux une fausse fierté.
De toi dépend ma joie et ma félicité.
De ma sanglante mort ta mort sera suivie.
Quel fruit de tant de soins que j'ai pris pour ta vie ?
Tu soupires enfin, et sembles te troubler.
560 Achève, parle.

BAJAZET

Ô ciel ! que ne puis-je parler !

ROXANE

Quoi donc ! que dites-vous ? Et que viens-je d'enten-
[dre ?
Vous avez des secrets que je ne puis apprendre !
Quoi ! de vos sentiments je ne puis m'éclaircir ?

BAJAZET

Madame, encore un coup, c'est à vous de choisir.
565 Daignez m'ouvrir au trône un chemin légitime,
Ou bien, me voilà prêt, prenez votre victime.

ROXANE

Ah ! c'en est trop enfin, tu seras satisfait.
Holà, gardes, qu'on vienne.

SCÈNE II

ROXANE, ACOMAT, BAJAZET

ROXANE

        Acomat, c'en est fait.
Vous pouvez retourner, je n'ai rien à vous dire.
570 Du sultan Amurat je reconnais l'empire.
Sortez. Que le sérail soit désormais fermé,
Et que tout rentre ici dans l'ordre accoutumé.

SCÈNE III

BAJAZET, ACOMAT

ACOMAT

Seigneur, qu'ai-je entendu ? Quelle surprise extrême !
Qu'allez-vous devenir ? Que deviens-je moi-même ?
575 D'où naît ce changement ? Qui dois-je en accuser ?
Ô ciel !

BAJAZET

    Il ne faut point ici vous abuser.
Roxane est offensée et court à la vengeance.

Un obstacle éternel rompt notre intelligence [1].
Vizir, songez à vous, je vous en avertis,
580 Et sans compter sur moi prenez votre parti.

ACOMAT

Quoi ?

BAJAZET

　　　Vous et vos amis cherchez quelque retraite.
Je sais dans quels périls mon amitié vous jette,
Et j'espérais un jour vous mieux récompenser.
Mais c'en est fait, vous dis-je, il n'y faut plus penser.

ACOMAT

585 Et quel est donc, Seigneur, cet obstacle invincible ?
Tantôt dans le sérail j'ai laissé tout paisible.
Quelle fureur [2] saisit votre esprit et le sien ?

BAJAZET

Elle veut, Acomat, que je l'épouse.

ACOMAT

　　　　　　　Eh bien ?
L'usage des sultans à ses vœux est contraire.
590 Mais cet usage enfin, est-ce une loi sévère
Qu'aux dépens de vos jours vous deviez observer ?
La plus sainte des lois, ah ! c'est de vous sauver,
Et d'arracher, Seigneur, d'une mort manifeste
Le sang des Ottomans dont vous faites le reste.

BAJAZET

595 Ce reste malheureux serait trop acheté,
S'il faut le conserver par une lâcheté.

ACOMAT

Et pourquoi vous en faire une image si noire ?
L'hymen de Soliman ternit-il sa mémoire ?
Cependant Soliman n'était point menacé
600 Des périls évidents dont vous êtes pressé.

BAJAZET

Et ce sont ces périls et ce soin de ma vie,
Qui d'un servile hymen feraient l'ignominie.
Soliman n'avait point ce prétexte odieux.
Son esclave trouva grâce devant ses yeux.
605 Et sans subir le joug d'un hymen nécessaire,
Il lui fit de son cœur un présent volontaire.

ACOMAT

Mais vous aimez Roxane.

BAJAZET

                    Acomat, c'est assez.
Je me plains de mon sort moins que vous ne pensez.
La mort n'est point pour moi le comble des
                                        [disgrâces,
610 J'osai tout jeune encor la chercher sur vos traces.
Et l'indigne prison où je suis renfermé
À la voir de plus près m'a même accoutumé.
Amurat à mes yeux l'a vingt fois présentée.
Elle finit le cours d'une vie agitée.
615 Hélas ! si je la quitte avec quelque regret...
Pardonnez, Acomat, je plains, avec sujet,
Des cœurs dont les bontés, trop mal récompensées
M'avaient pris pour objet de toutes leurs pensées.

ACOMAT

Ah ! si nous périssons, n'en accusez que vous,
620 Seigneur. Dites un mot, et vous nous sauvez tous.
Tout ce qui reste ici de braves janissaires,
De la religion les saints dépositaires,
Du peuple byzantin ceux qui plus respectés [1]
Par leur exemple seul règlent ses volontés,
625 Sont prêts de vous conduire à la Porte sacrée [2]
D'où les nouveaux sultans font leur première
                                        [entrée.

BAJAZET

Eh bien, brave Acomat, si je leur suis si cher,
Que des mains de Roxane ils viennent m'arracher.
Du sérail, s'il le faut, venez forcer la porte.
630 Entrez accompagné de leur vaillante escorte.
J'aime mieux en sortir sanglant, couvert de coups,
Que chargé, malgré moi, du nom de son époux.
Peut-être je saurai dans ce désordre extrême,
Par un beau désespoir me secourir moi-même,
635 Attendre, en combattant, l'effet de votre foi,
Et vous donner le temps de venir jusqu'à moi.

ACOMAT

Hé ! pourrai-je empêcher malgré ma diligence,
Que Roxane d'un coup n'assure sa vengeance ?
Alors qu'aura servi ce zèle impétueux,
640 Qu'à charger vos amis d'un crime infructueux ?
Promettez. Affranchi du péril qui vous presse,
Vous verrez de quel poids sera votre promesse.

BAJAZET

Moi !

ACOMAT

   Ne rougissez point. Le sang des Ottomans
Ne doit point en esclave obéir aux serments.
645 Consultez ces héros, que le droit de la guerre
Mena victorieux jusqu'au bout de la terre.
Libres dans leur victoire, et maîtres de leur foi,
L'intérêt de l'État fut leur unique loi,
Et d'un trône si saint la moitié n'est fondée
650 Que sur la foi promise et rarement gardée.
Je m'emporte, Seigneur.

BAJAZET

                Oui, je sais, Acomat,
Jusqu'où les a portés l'intérêt de l'État [1].
Mais ces mêmes héros prodigues de leur vie,
Ne la rachetaient point par une perfidie.

ACOMAT

655 Ô courage inflexible ! Ô trop constante foi [2]
Que même en périssant j'admire malgré moi !
Faut-il qu'en un moment un scrupule timide
Perde... Mais quel bonheur nous envoie Atalide ?

SCÈNE IV

BAJAZET, ATALIDE, ACOMAT

ACOMAT

Ah, Madame ! venez avec moi vous unir.
660 Il se perd.

ATALIDE

C'est de quoi je viens l'entretenir.
Mais laissez-nous. Roxane à sa perte animée
Veut que de ce palais la porte soit fermée.
Toutefois, Acomat, ne vous éloignez pas.
Peut-être on vous fera revenir sur vos pas.

SCÈNE V

BAJAZET, ATALIDE

BAJAZET

665 Eh bien ! c'est maintenant qu'il faut que je vous
[laisse.
Le ciel punit ma feinte, et confond votre adresse.
Rien ne m'a pu parer contre ses derniers coups ;
Il fallait, ou mourir, ou n'être plus à vous.
De quoi nous a servi cette indigne contrainte ?
670 Je meurs plus tard. Voilà tout le fruit de ma feinte.
Je vous l'avais prédit. Mais vous l'avez voulu.
J'ai reculé vos pleurs autant que je l'ai pu.
Belle Atalide, au nom de cette complaisance,
Daignez de la sultane éviter la présence.
675 Vos pleurs vous trahiraient, cachez-les à ses yeux,
Et ne prolongez point de dangereux adieux.

ATALIDE

Non, Seigneur. Vos bontés pour une infortunée
Ont assez disputé contre la destinée.

Il vous en coûte trop pour vouloir m'épargner.
680 Il faut vous rendre. Il faut me quitter, et régner.

BAJAZET

Vous quitter ?

ATALIDE

Je le veux. Je me suis consultée.
De mille soins jaloux jusqu'alors agitée,
Il est vrai, je n'ai pu concevoir sans effroi
Que Bajazet pût vivre, et n'être plus à moi.
685 Et lorsque quelquefois de ma rivale heureuse
Je me représentais l'image douloureuse,
Votre mort (pardonnez aux fureurs des amants)
Ne me paraissait pas le plus grand des tourments [1].
Mais à mes tristes yeux votre mort préparée
690 Dans toute son horreur ne s'était pas montrée.
Je ne vous voyais pas ainsi que je vous vois,
Prêt à me dire adieu pour la dernière fois.
Seigneur, je sais trop bien avec quelle constance
Vous allez de la mort affronter la présence.
695 Je sais que votre cœur se fait quelques plaisirs
De me prouver sa foi dans ses derniers soupirs.
Mais hélas ! épargnez une âme plus timide [2].
Mesurez vos malheurs aux forces d'Atalide,
Et ne m'exposez point aux plus vives douleurs,
700 Qui jamais d'une amante épuisèrent les pleurs.

BAJAZET

Et que deviendrez-vous, si dès cette journée
Je célèbre à vos yeux ce funeste hyménée ?

ATALIDE

Ne vous informez point ce que je deviendrai.
Peut-être à mon destin, Seigneur, j'obéirai.
705 Que sais-je ? À ma douleur je chercherai des char-
                                              [mes [1].
Je songerai peut-être au milieu de mes larmes,
Qu'à vous perdre pour moi vous étiez résolu,
Que vous vivez, qu'enfin c'est moi qui l'ai voulu.

BAJAZET

Non, vous ne verrez point cette fête cruelle.
710 Plus vous me commandez de vous être infidèle,
Madame, plus je vois combien vous méritez
De ne point obtenir ce que vous souhaitez.
Quoi ! cet amour si tendre, et né dans notre enfance,
Dont les feux avec nous ont crû dans le silence,
715 Vos larmes que ma main pouvait seule arrêter,
Mes serments redoublés de ne vous point quitter,
Tout cela finirait par une perfidie ?
J'épouserais, et qui ? (s'il faut que je le die)
Une esclave attachée à ses seuls intérêts,
720 Qui présente à mes yeux les supplices tout prêts,
Qui m'offre ou son hymen, ou la mort infaillible ;
Tandis qu'à mes périls Atalide sensible,
Et trop digne du sang qui lui donna le jour,
Veut me sacrifier jusques à son amour.
725 Ah ! qu'au jaloux sultan ma tête soit portée
Puisqu'il faut à ce prix qu'elle soit rachetée.

ATALIDE

Seigneur, vous pourriez vivre, et ne me point trahir.

BAJAZET

Parlez. Si je le puis, je suis prêt d'obéir.

ATALIDE

La sultane vous aime. Et malgré sa colère,
730 Si vous preniez, Seigneur, plus de soin de lui plaire,
Si vos soupirs daignaient lui faire pressentir
Qu'un jour...

BAJAZET

            Je vous entends, je n'y puis consentir.
Ne vous figurez point que dans cette journée
D'un lâche désespoir ma vertu consternée [1]
735 Craigne les soins d'un trône où je pourrais monter,
Et par un prompt trépas cherche à les éviter.
J'écoute trop, peut-être, une imprudente audace.
Mais sans cesse occupé des grands noms de ma race,
J'espérais que fuyant un indigne repos [2]
740 Je prendrais quelque place entre tant de héros.
Mais quelque ambition, quelque amour qui me brûle
Je ne puis plus tromper une amante crédule.
En vain pour me sauver je vous l'aurais promis.
Et ma bouche, et mes yeux du mensonge ennemis,
745 Peut-être dans le temps que je voudrais lui plaire,
Feraient par leur désordre un effet tout contraire,
Et de mes froids soupirs ses regards offensés
Verraient trop que mon cœur ne les a point poussés.
Ô ciel ! combien de fois je l'aurais éclaircie,
750 Si je n'eusse à sa haine exposé que ma vie,
Si je n'avais pas craint que ses soupçons jaloux
N'eussent trop aisément remonté jusqu'à vous !
Et j'irais l'abuser d'une fausse promesse ?

Je me parjurerais ? Et par cette bassesse...
755 Ah ! loin de m'ordonner cet indigne détour,
Si votre cœur était moins plein de son amour,
Je vous verrais sans doute en rougir la première.
Mais pour vous épargner une injuste prière,
Adieu, je vais trouver Roxane de ce pas,
760 Et je vous quitte.

ATALIDE

Et moi, je ne vous quitte pas.
Venez, cruel, venez, je vais vous y conduire,
Et de tous nos secrets c'est moi qui veux l'instruire.
Puisque malgré mes pleurs mon amant furieux
Se fait tant de plaisirs d'expirer à mes yeux,
765 Roxane malgré vous nous joindra l'un et l'autre.
Elle aura plus de soif de mon sang que du vôtre,
Et je pourrai donner à vos yeux effrayés
Le spectacle sanglant que vous me prépariez.

BAJAZET

Ô ciel ! que faites-vous ?

ATALIDE

Cruel, pouvez-vous croire
770 Que je sois moins que vous jalouse de ma gloire ?
Pensez-vous que cent fois en vous faisant parler
Ma rougeur ne fût pas prête à me déceler ?
Mais on me présentait votre perte prochaine.
Pourquoi faut-il, ingrat, quand la mienne est cer-
[taine,
775 Que vous n'osiez pour moi ce que j'osais pour vous ?
Peut-être il suffira d'un mot un peu plus doux.
Roxane dans son cœur peut-être vous pardonne.

Vous-même vous voyez le temps qu'elle vous donne.
A-t-elle en vous quittant fait sortir le vizir ?
₈₀ Des gardes à mes yeux viennent-ils vous saisir ?
Enfin dans sa fureur implorant mon adresse,
Ses pleurs ne m'ont-ils pas découvert sa tendresse ?
Peut-être elle n'attend qu'un espoir incertain
Qui lui fasse tomber les armes de la main.
₈₅ Allez, Seigneur. Sauvez votre vie, et la mienne.

BAJAZET

Eh bien. Mais quels discours faut-il que je lui
                                        [tienne [1] ?

ATALIDE

Ah ! daignez sur ce choix ne me point consulter.
L'occasion, le ciel pourra vous les dicter.
Allez. Entre elle et vous je ne dois point paraître.
₉₀ Votre trouble, ou le mien, nous feraient reconnaître.
Allez encore un coup, je n'ose m'y trouver.
Dites... tout ce qu'il faut, Seigneur, pour vous sauver.

Fin du second Acte.

ACTE III

SCÈNE PREMIÈRE

ATALIDE, ZAÏRE

ATALIDE

Zaïre, il est donc vrai, sa grâce est prononcée.

ZAÏRE

Je vous l'ai dit, Madame, une esclave empressée,
795 Qui courait de Roxane accomplir le désir,
Aux portes du sérail a reçu le vizir.
Ils ne m'ont point parlé. Mais mieux qu'aucun lan-
[gage
Le transport du vizir marquait sur son visage
Qu'un heureux changement le rappelle au palais,
800 Et qu'il y vient signer une éternelle paix.
Roxane a pris sans doute une plus douce voie.

ATALIDE

Ainsi de toutes parts les plaisirs et la joie
M'abandonnent, Zaïre, et marchent sur leurs pas.
J'ai fait ce que j'ai dû, je ne m'en repens pas.

ZAÏRE

805 Quoi, Madame ! quelle est cette nouvelle alarme ?

ATALIDE

Et ne t'a-t-on point dit, Zaïre, par quel charme [1],
Ou pour mieux dire enfin, par quel engagement
Bajazet a pu faire un si prompt changement ?
Roxane en sa fureur paraissait inflexible.
810 A-t-elle de son cœur quelque gage infaillible ?
Parle. L'épouse-t-il ?

ZAÏRE

Je n'en ai rien appris.

Mais enfin, s'il n'a pu se sauver qu'à ce prix,
S'il fait ce que vous-même avez su lui prescrire,
S'il l'épouse en un mot...

ATALIDE

S'il l'épouse, Zaïre !

ZAÏRE

815 Quoi ! vous repentez-vous des généreux discours [2],
Que vous dictait le soin de conserver ses jours ?

ATALIDE

Non, non, il ne fera que ce qu'il a dû faire.
Sentiments trop jaloux, c'est à vous de vous taire.
Si Bajazet l'épouse, il suit mes volontés.
820 Respectez ma vertu qui vous a surmontés.
À ses nobles conseils ne mêlez point le vôtre.
Et loin de me le peindre entre les bras d'une autre,
Laissez-moi sans regret me le représenter

Au trône où mon amour l'a forcé de monter.
825 Oui, je me reconnais, je suis toujours la même.
Je voulais qu'il m'aimât, chère Zaïre, il m'aime,
Et du moins cet espoir me console aujourd'hui,
Que je vais mourir digne, et contente de lui.

ZAÏRE

Mourir ! quoi, vous auriez un dessein si funeste ?

ATALIDE

830 J'ai cédé mon amant, tu t'étonnes du reste.
Peux-tu compter, Zaïre, au nombre des malheurs
Une mort, qui prévient et finit tant de pleurs ?
Qu'il vive, c'est assez. Je l'ai voulu sans doute,
Et je le veux toujours, quelque prix qu'il m'en coûte.
835 Je n'examine point ma joie ou mon ennui.
J'aime assez mon amant pour renoncer à lui.
Mais hélas ! il peut bien penser avec justice,
Que si j'ai pu lui faire un si grand sacrifice,
Ce cœur, qui de ses jours prend ce funeste soin,
840 L'aime trop pour vouloir en être le témoin.
Allons, je veux savoir...

ZAÏRE

                    Modérez-vous de grâce.
On vient vous informer de tout ce qui se passe.
C'est le vizir.

SCÈNE II

ATALIDE, ACOMAT, ZAÏRE

ACOMAT

Enfin nos amants sont d'accord,
Madame. Un calme heureux nous remet dans le port.
La sultane a laissé désarmer sa colère.
Elle m'a déclaré sa volonté dernière ;
Et tandis qu'elle montre au peuple épouvanté
Du prophète divin l'étendard redouté,
Qu'à marcher sur mes pas Bajazet se dispose,
Je vais de ce signal faire entendre la cause,
Remplir tous les esprits d'une juste terreur,
Et proclamer enfin le nouvel empereur.
Cependant permettez que je vous renouvelle
Le souvenir du prix qu'on promit à mon zèle.
N'attendez point de moi ces doux emportements,
Tels que j'en vois paraître au cœur de ces amants.
Mais si par d'autres soins plus dignes de mon âge,
Par de profonds respects, par un long esclavage,
Tel que nous le devons au sang de nos sultans,
Je puis...

ATALIDE

Vous m'en pourrez instruire avec le temps.
Avec le temps aussi vous pourrez me connaître.
Mais quels sont ces transports qu'ils vous ont fait
[paraître ?

ACOMAT

Madame, doutez-vous des soupirs enflammés
De deux jeunes amants l'un de l'autre charmés ?

ATALIDE

865 Non. Mais à dire vrai ce miracle m'étonne.
Et dit-on à quel prix Roxane lui pardonne ?
L'épouse-t-il enfin ?

ACOMAT

                    Madame, je le crois.
Voici tout ce qui vient d'arriver devant moi.
      Surpris, je l'avouerai, de leur fureur commune,
870 Querellant [1] les amants, l'amour, et la fortune,
J'étais de ce palais sorti désespéré.
Déjà sur un vaisseau dans le port préparé [2],
Chargeant de mon débris les reliques plus chères [3],
Je méditais ma fuite aux terres étrangères.
875 Dans ce triste dessein au palais rappelé,
Plein de joie et d'espoir j'ai couru, j'ai volé.
La porte du sérail à ma voix s'est ouverte.
Et d'abord une esclave à mes yeux s'est offerte,
Qui m'a conduit sans bruit dans un appartement
880 Où Roxane attentive écoutait son amant.
Tout gardait devant eux un auguste silence.
Moi-même résistant à mon impatience,
Et respectant de loin leur secret entretien,
J'ai longtemps immobile observé leur maintien.
885 Enfin avec des yeux qui découvraient son âme,
L'une a tendu la main pour gage de sa flamme,
L'autre avec des regards éloquents, pleins d'amour,
L'a de ses feux, Madame, assurée à son tour.

ATALIDE

Hélas !

ACOMAT

Ils m'ont alors aperçu l'un et l'autre.
890 Voilà, m'a-t-elle dit, votre prince et le nôtre.
Je vais, brave Acomat, le remettre en vos mains.
Allez lui préparer les honneurs souverains.
Qu'un peuple obéissant l'attende dans le temple.
Le sérail va bientôt vous en donner l'exemple.
895 Aux pieds de Bajazet alors je suis tombé,
Et soudain à leurs yeux je me suis dérobé.
Trop heureux d'avoir pu, par un récit fidèle,
De leur paix en passant vous conter la nouvelle,
Et m'acquitter vers vous de mes respects profonds,
900 Je vais le couronner, Madame, et j'en réponds[1].

SCÈNE III

ATALIDE, ZAÏRE

ATALIDE

Allons, retirons-nous, ne troublons point leur joie[2].

ZAÏRE

Ah ! Madame ! croyez...

ATALIDE

Que veux-tu que je croie ?
Quoi donc, à ce spectacle irai-je m'exposer ?
Tu vois que c'en est fait. Ils se vont épouser.
905 La sultane est contente, il l'assure qu'il l'aime.
Mais je ne m'en plains pas, je l'ai voulu moi-même.

Cependant croyais-tu, quand jaloux de sa foi [1],
Il s'allait plein d'amour sacrifier pour moi,
Lorsque son cœur tantôt m'exprimant sa tendresse,
910 Refusait à Roxane une simple promesse,
Quand mes larmes en vain tâchaient de l'émouvoir,
Quand je m'applaudissais de leur peu de pouvoir ;
Croyais-tu que son cœur contre toute apparence,
Pour la persuader trouvât tant d'éloquence ?
915 Ah ! peut-être, après tout, que sans trop se forcer,
Tout ce qu'il a pu dire, il a pu le penser.
Peut-être en la voyant, plus sensible pour elle
Il a vu dans ses yeux quelque grâce nouvelle.
Elle aura devant lui fait parler ses douleurs,
920 Elle l'aime, un empire autorise ses pleurs [2],
Tant d'amour touche enfin une âme généreuse.
Hélas ! que de raisons contre une malheureuse !

ZAÏRE

Mais ce succès [3], Madame, est encore incertain.
Attendez.

ATALIDE

Non, vois-tu, je le nierais en vain.
925 Je ne prends point plaisir à croître ma misère.
Je sais pour se sauver tout ce qu'il a dû faire.
Quand mes pleurs vers Roxane ont rappelé ses pas,
Je n'ai point prétendu qu'il ne m'obéît pas.
Mais après les adieux que je venais d'entendre,
930 Après tous les transports d'une douleur si tendre,
Je sais qu'il n'a point dû [4] lui faire remarquer
La joie et les transports qu'on vient de m'expliquer.
Toi-même juge-nous, et vois si je m'abuse :
Pourquoi de ce conseil [5] moi seule suis-je exclue ?

935 Au sort de Bajazet ai-je si peu de part ?
À me chercher lui-même attendrait-il si tard,
N'était que de son cœur le trop juste reproche
Lui fait peut-être, hélas ! éviter cette approche ?
Mais non, je lui veux bien épargner ce souci.
940 Il ne me verra plus.

ZAÏRE

Madame, le voici.

SCÈNE IV

BAJAZET, ATALIDE, ZAÏRE

BAJAZET

C'en est fait, j'ai parlé, vous êtes obéie.
Vous n'avez plus, Madame, à craindre pour ma vie.
Et je serais heureux, si la foi, si l'honneur
Ne me reprochait point mon injuste bonheur [1],
945 Si mon cœur, dont le trouble en secret me
[condamne,
Pouvait me pardonner aussi bien que Roxane.
Mais enfin je me vois les armes à la main [2].
Je suis libre, et je puis contre un frère inhumain,
Non plus par un silence aidé de votre adresse
950 Disputer en ces lieux le cœur de sa maîtresse,
Mais par de vrais combats, par de nobles dangers,
Moi-même le cherchant aux climats étrangers,
Lui disputer les cœurs du peuple et de l'armée,
Et pour juge entre nous prendre la Renommée.
955 Que vois-je ? Qu'avez-vous ? Vous pleurez !

ATALIDE

                              Non, Seigneur,
Je ne murmure point contre votre bonheur.
Le ciel, le juste ciel, vous devait ce miracle.
Vous savez si jamais j'y formai quelque obstacle.
Tant que j'ai respiré, vos yeux me sont témoins
960 Que votre seul péril occupait tous mes soins,
Et puisqu'il ne pouvait finir qu'avec ma vie,
C'est sans regret aussi que je la sacrifie.
Il est vrai, si le ciel eût écouté mes vœux,
Qu'il pouvait m'accorder un trépas plus heureux.
965 Vous n'en auriez pas moins épousé ma rivale.
Vous pouviez l'assurer de la foi conjugale.
Mais vous n'auriez pas joint à ce titre d'époux,
Tous ces gages d'amour qu'elle a reçus de vous.
Roxane s'estimait assez récompensée,
970 Et j'aurais en mourant cette douce pensée,
Que vous ayant moi-même imposé cette loi,
Je vous ai vers Roxane envoyé plein de moi,
Qu'emportant chez les morts toute votre tendresse
Ce n'est point un amant en vous que je lui laisse.

BAJAZET

975 Que parlez-vous, Madame, et d'époux et d'amant ?
Ô ciel ! de ce discours quel est le fondement ?
Qui peut vous avoir fait ce récit infidèle ?
Moi j'aimerais Roxane, ou je vivrais pour elle,
Madame ! Ah ! croyez-vous que, loin de le penser,
980 Ma bouche seulement eût pu le prononcer ?
Mais l'un ni l'autre enfin n'était point nécessaire,
La sultane a suivi son penchant ordinaire :
Et soit qu'elle ait d'abord expliqué mon retour

Comme un gage certain qui marquait mon amour,
985 Soit que le temps trop cher la pressât de se rendre ;
À peine ai-je parlé que, sans presque m'entendre,
Ses pleurs précipités ont coupé mes discours.
Elle met dans ma main sa fortune, ses jours [1],
Et se fiant enfin à ma reconnaissance,
990 D'un hymen infaillible [2] a formé l'espérance.
Moi-même rougissant de sa crédulité,
Et d'un amour si tendre et si peu mérité,
Dans ma confusion, que Roxane, Madame,
Attribuait encore à l'excès de ma flamme,
995 Je me trouvais barbare, injuste, criminel.
Croyez qu'il m'a fallu dans ce moment cruel,
Pour garder jusqu'au bout un silence perfide,
Rappeler tout l'amour que j'ai pour Atalide.
Cependant quand je viens après de tels efforts
1000 Chercher quelque secours contre tous mes remords,
Vous-même contre moi je vous vois irritée
Reprocher votre mort à mon âme agitée.
Je vois enfin, je vois qu'en ce même moment
Tout ce que je vous dis vous touche faiblement.
1005   Madame, finissons et mon trouble, et le vôtre.
Ne nous affligeons point vainement l'un et l'autre.
Roxane n'est pas loin. Laissez agir ma foi.
J'irai, bien plus content et de vous et de moi,
Détromper son amour d'une feinte forcée,
1010 Que je n'allais tantôt déguiser ma pensée.
La voici.

ATALIDE

Juste ciel ! où va-t-il s'exposer ?
Si vous m'aimez, gardez de la désabuser.

SCÈNE V

BAJAZET, ROXANE, ATALIDE

ROXANE

Venez, Seigneur, venez. Il est temps de paraître,
Et que tout le sérail reconnaisse son maître.
1015 Tout ce peuple nombreux, dont il est habité,
Assemblé par mon ordre attend ma volonté.
Mes esclaves gagnés, que le reste va suivre,
Sont les premiers sujets que mon amour vous livre.
L'auriez-vous cru, Madame, et qu'un si prompt
                           [retour
1020 Fît à tant de fureur succéder tant d'amour ?
Tantôt à me venger fixe et déterminée,
Je jurais qu'il voyait sa dernière journée.
À peine cependant Bajazet m'a parlé,
L'amour fit le serment, l'amour l'a violé.
1025 J'ai cru dans son désordre entrevoir sa tendresse,
J'ai prononcé sa grâce, et je crois sa promesse [1].

BAJAZET

Oui, je vous ai promis, et j'ai donné ma foi
De n'oublier jamais tout ce que je vous dois ;
J'ai juré que mes soins, ma juste complaisance [2],
1030 Vous répondront toujours de ma reconnaissance.
Si je puis à ce prix mériter vos bienfaits,
Je vais de vos bontés attendre les effets.

SCÈNE VI

ROXANE, ATALIDE

ROXANE

De quel étonnement, ô ciel ! suis-je frappée ?
Est-ce un songe ? Et mes yeux ne m'ont-ils point
[trompée [1] ?
035 Quel est ce sombre accueil, et ce discours glacé
Qui semble révoquer tout ce qui s'est passé ?
Sur quel espoir croit-il que je me sois rendue,
Et qu'il ait regagné mon amitié perdue ?
J'ai cru qu'il me jurait que jusques à la mort
040 Son amour me laissait maîtresse de son sort.
Se repent-il déjà de m'avoir apaisée ?
Mais moi-même tantôt me serais-je abusée ?
Ah !... Mais il vous parlait. Quels étaient ses discours,
Madame ?

ATALIDE

Moi, Madame ! Il vous aime toujours.

ROXANE

045 Il y va de sa vie au moins que je le croie.
Mais de grâce, parmi tant de sujets de joie,
Répondez-moi, comment pouvez-vous expliquer
Ce chagrin [2], qu'en sortant il m'a fait remarquer ?

ATALIDE

Madame, ce chagrin n'a point frappé ma vue.

1050 Il m'a de vos bontés longtemps entretenue.
Il en était tout plein quand je l'ai rencontré.
J'ai cru le voir sortir tel qu'il était entré.
Mais, Madame, après tout, faut-il être surprise,
Que tout prêt d'achever cette grande entreprise
1055 Bajazet s'inquiète, et qu'il laisse échapper
Quelque marque des soins qui doivent l'occuper ?

ROXANE

Je vois qu'à l'excuser votre adresse est extrême.
Vous parlez mieux pour lui, qu'il ne parle lui-même.

ATALIDE

Et quel autre intérêt...

ROXANE

                    Madame, c'est assez.
1060 Je conçois vos raisons mieux que vous ne pensez.
Laissez-moi. J'ai besoin d'un peu de solitude.
Ce jour me jette aussi dans quelque inquiétude.
J'ai, comme Bajazet, mon chagrin et mes soins,
Et je veux un moment y penser sans témoins.

SCÈNE VII

ROXANE, *seule.*

1065 De tout ce que je vois que faut-il que je pense ?
Tous deux à me tromper sont-ils d'intelligence ?

Pourquoi ce changement, ce discours, ce départ ?
N'ai-je pas même entre eux surpris quelque regard ?
Bajazet interdit ! Atalide étonnée !
Ô ciel ! à cet affront m'auriez-vous condamnée ?
De mon aveugle amour seraient-ce là les fruits ?
Tant de jours douloureux, tant d'inquiètes nuits,
Mes brigues, mes complots, ma trahison fatale,
N'aurais-je tout tenté que pour une rivale !
   Mais peut-être qu'aussi, trop prompte à m'affliger
J'observe de trop près un chagrin passager.
J'impute à son amour l'effet de son caprice.
N'eût-il pas jusqu'au bout conduit son artifice ?
Prêt à voir le succès de son déguisement,
Quoi, ne pouvait-il pas feindre encore un moment ?
Non, non, rassurons-nous. Trop d'amour
                                   [m'intimide [1].
Et pourquoi dans son cœur redouter Atalide ?
Quel serait son dessein ? Qu'a-t-elle fait pour lui ?
Qui de nous deux enfin le couronne aujourd'hui ?
Mais hélas ! de l'amour ignorons-nous l'empire ?
Si par quelque autre charme Atalide l'attire,
Qu'importe qu'il nous doive, et le sceptre, et le jour ?
Les bienfaits dans un cœur balancent-ils l'amour ?
Et sans chercher plus loin, quand l'ingrat me sut
                                   [plaire,
Ai-je mieux reconnu les bontés de son frère ?
Ah ! si d'une autre chaîne il n'était point lié,
L'offre de mon hymen l'eût-il tant effrayé ?
N'eût-il pas sans regret secondé mon envie ?
L'eût-il refusé même aux dépens de sa vie ?
Que de justes raisons... Mais qui vient me parler ?
Que veut-on ?

SCÈNE VIII

ROXANE, ZATIME

ZATIME

Pardonnez si j'ose vous troubler.
Mais, Madame, un esclave arrive de l'armée ;
Et quoique sur la mer la porte fût fermée,
Les gardes sans tarder l'ont ouverte à genoux
1100 Aux ordres du sultan qui s'adressent à vous.
Mais, ce qui me surprend, c'est Orcan qu'il envoie.

ROXANE

Orcan !

ZATIME

Oui, de tous ceux que le sultan emploie,
Orcan le plus fidèle à servir ses desseins,
Né sous le ciel brûlant des plus noirs Africains.
1105 Madame, il vous demande avec impatience.
Mais j'ai cru vous devoir avertir par avance,
Et souhaitant surtout qu'il ne vous surprît pas
Dans votre appartement j'ai retenu ses pas.

ROXANE

Quel malheur imprévu vient encor me confondre ?
1110 Quel peut être cet ordre ? Et que puis-je répondre ?
Il n'en faut point douter, le sultan inquiet
Une seconde fois condamne Bajazet.
On ne peut sur ses jours sans moi rien entreprendre.
Tout m'obéit ici. Mais dois-je le défendre ?

15 Quel est mon empereur ? Bajazet ? Amurat ?
J'ai trahi l'un. Mais l'autre est peut-être un ingrat.
Le temps presse. Que faire en ce doute funeste ?
Allons. Employons bien le moment qui nous reste.
Ils ont beau se cacher. L'amour le plus discret
20 Laisse par quelque marque échapper son secret.
Observons Bajazet. Étonnons Atalide [1].
Et couronnons l'amant, ou perdons le perfide.

Fin du troisième Acte.

ACTE IV

SCÈNE PREMIÈRE

ATALIDE, ZAÏRE

ATALIDE

Ah ! sais-tu mes frayeurs ? Sais-tu que dans ces lieux
J'ai vu du fier Orcan [1] le visage odieux ?
1125 En ce moment fatal que je crains sa venue !
Que je crains... Mais, dis-moi, Bajazet t'a-t-il vue ?
Qu'a-t-il dit ? Se rend-il, Zaïre, à mes raisons ?
Ira-t-il voir Roxane, et calmer ses soupçons ?

ZAÏRE

Il ne peut plus la voir sans qu'elle le commande.
1130 Roxane ainsi l'ordonne, elle veut qu'il l'attende.
Sans doute à cet esclave elle veut le cacher.
J'ai feint en le voyant de ne le point chercher.
J'ai rendu [2] votre lettre, et j'ai pris sa réponse.
Madame, vous verrez ce qu'elle vous annonce.

ATALIDE *lit.*

1135   *Après tant d'injustes détours*

Faut-il qu'à feindre encor votre amour me convie ?
Mais je veux bien prendre soin d'une vie,
Dont vous jurez que dépendent vos jours.
Je verrai la sultane. Et par ma complaisance,
Par de nouveaux serments de ma reconnaissance,
J'apaiserai, si je puis, son courroux.
N'exigez rien de plus. Ni la mort, ni vous-même,
Ne me ferez jamais prononcer que je l'aime,
Puisque jamais je n'aimerai que vous[1].

Hélas ! que me dit-il ? Croit-il que je l'ignore ?
Ne sais-je pas assez qu'il m'aime, qu'il m'adore ?
Est-ce ainsi qu'à mes vœux il sait s'accommoder ?
C'est Roxane, et non moi qu'il faut persuader.
De quelle crainte encor me laisse-t-il saisie ?
Funeste aveuglement ! perfide jalousie !
Récit menteur ! soupçons que je n'ai pu celer !
Fallait-il vous entendre, ou fallait-il parler[2] ?
C'était fait, mon bonheur surpassait mon attente.
J'étais aimée, heureuse, et Roxane contente.
Zaïre, s'il se peut, retourne sur tes pas.
Qu'il l'apaise. Ces mots ne me suffisent pas.
Que sa bouche, ses yeux, tout l'assure qu'il l'aime.
Qu'elle le croie enfin. Que ne puis-je moi-même
Échauffant par mes pleurs ses soins trop languissants,
Mettre dans ses discours tout l'amour que je sens !
Mais à d'autres périls je crains de le commettre[3].

ZAÏRE

Roxane vient à vous.

ATALIDE

Ah ! cachons cette lettre.

SCÈNE II

ROXANE, ATALIDE, ZATIME, ZAÏRE

ROXANE, *à Zatime.*
Viens. J'ai reçu cet ordre. Il faut l'intimider.

ATALIDE, *à Zaïre.*
Va, cours, et tâche enfin de le persuader.

SCÈNE III

ROXANE, ATALIDE, ZATIME

ROXANE

1165 Madame, j'ai reçu des lettres de l'armée,
De tout ce qui s'y passe êtes-vous informée ?

ATALIDE

On m'a dit que du camp un esclave est venu.
Le reste est un secret qui ne m'est pas connu.

ROXANE

Amurat est heureux, la fortune est changée,
1170 Madame, et sous ses lois Babylone est rangée.

ATALIDE

Hé quoi, Madame, Osmin...

ROXANE

          Était mal averti.
Et depuis son départ cet esclave est parti.
C'en est fait.

ATALIDE

    Quel revers !

ROXANE

          Pour comble de disgrâces
Le sultan qui l'envoie est parti sur ses traces.

ATALIDE

175 Quoi ! les Persans armés ne l'arrêtent donc pas ?

ROXANE

Non, Madame. Vers nous il revient à grands pas.

ATALIDE

Que je vous plains, Madame ! et qu'il est nécessaire
D'achever promptement ce que vous vouliez faire !

ROXANE

Il est tard de vouloir s'opposer au vainqueur.

ATALIDE

180 Ô ciel !

ROXANE

    Le temps n'a point adouci sa rigueur.
Vous voyez dans mes mains sa volonté suprême.

ATALIDE

Et que vous mande-t-il ?

ROXANE

Voyez. Lisez vous-même.
Vous connaissez, Madame, et la lettre, et le seing [1].

ATALIDE

Du cruel Amurat je reconnais la main.
    Elle lit.
1185 *Avant que Babylone éprouvât ma puissance,*
Je vous ai fait porter mes ordres absolus.
Je ne veux point douter de votre obéissance,
Et crois que maintenant Bajazet ne vit plus.
Je laisse sous mes lois Babylone asservie,
1190 *Et confirme en partant mon ordre souverain.*
Vous, si vous avez soin de votre propre vie,
Ne vous montrez à moi que sa tête à la main.

ROXANE

Eh bien ?

ATALIDE

Cache tes pleurs, malheureuse Atalide [2].

ROXANE

Que vous semble ?

ATALIDE

Il poursuit son dessein parricide [3].
1195 Mais il pense proscrire un prince sans appui.
Il ne sait pas l'amour qui vous parle pour lui,

Que vous et Bajazet vous ne faites qu'une âme,
Que plutôt, s'il le faut, vous mourrez...

ROXANE

Moi, Madame ?
Je voudrais le sauver, je ne le puis haïr.
1200 Mais...

ATALIDE

Quoi donc ? Qu'avez-vous résolu ?

ROXANE

D'obéir.

ATALIDE

D'obéir !

ROXANE

Et que faire en ce péril extrême ?
Il le faut.

ATALIDE

Quoi ! ce prince aimable... qui vous aime
Verra finir ses jours qu'il vous a destinés !

ROXANE

Il le faut. Et déjà mes ordres sont donnés.

ATALIDE

1205 Je me meurs.

ZATIME

Elle tombe, et ne vit plus qu'à peine.

ROXANE

Allez, conduisez-la dans la chambre prochaine.
Mais au moins observez ses regards, ses discours,
Tout ce qui convaincra leurs perfides amours.

SCÈNE IV

ROXANE, *seule*.

Ma rivale à mes yeux s'est enfin déclarée.
1210 Voilà sur quelle foi je m'étais assurée.
Depuis six mois entiers j'ai cru que nuit et jour
Ardente elle veillait au soin de mon amour.
Et c'est moi qui du sien ministre [1] trop fidèle
Semble depuis six mois ne veiller que pour elle,
1215 Qui me suis appliquée à chercher les moyens
De lui faciliter tant d'heureux entretiens,
Et qui même souvent prévenant son envie
Ai hâté les moments les plus doux de sa vie.
Ce n'est pas tout. Il faut maintenant m'éclaircir,
1220 Si dans sa perfidie elle a su réussir.
Il faut... Mais que pourrais-je apprendre davantage ?
Mon malheur n'est-il pas écrit sur son visage ?
Vois-je pas au travers de son saisissement,
Un cœur dans ses douleurs content de son amant ?
1225 Exempte des soupçons dont je suis tourmentée,
Ce n'est que pour ses jours qu'elle est épouvantée [2].
N'importe. Poursuivons. Elle peut comme moi
Sur des gages trompeurs s'assurer de sa foi.

Pour le faire expliquer tendons-lui quelque piège.
230 Mais quel indigne emploi moi-même m'imposé-je ?
Quoi donc ! à me gêner [1] appliquant mes esprits
J'irai faire à mes yeux éclater ses mépris ?
Lui-même il peut prévoir et tromper mon adresse.
D'ailleurs l'ordre, l'esclave, et le vizir me presse [2].
35 Il faut prendre parti, l'on m'attend. Faisons mieux,
Sur tout ce que j'ai vu fermons plutôt les yeux.
Laissons de leur amour la recherche importune.
Poussons à bout l'ingrat, et tentons la fortune.
Voyons, si par mes soins sur le trône élevé,
40 Il osera trahir l'amour qui l'a sauvé.
Et si de mes bienfaits lâchement libérale
Sa main en osera couronner ma rivale.
Je saurai bien toujours retrouver le moment
De punir, s'il le faut, la rivale, et l'amant.
45 Dans ma juste fureur observant le perfide
Je saurai le surprendre avec son Atalide.
Et d'un même poignard les unissant tous deux,
Les percer l'un et l'autre, et moi-même après eux.
Voilà, n'en doutons point [3], le parti qu'il faut pren-
[dre,
50 Je veux tout ignorer.

SCÈNE V

ROXANE, ZATIME

ROXANE

Ah ! que viens-tu m'apprendre,
Zatime ? Bajazet en est-il amoureux ?

Vois-tu dans ses discours qu'ils s'entendent tous
[deux ?

ZATIME

Elle n'a point parlé. Toujours évanouie,
Madame, elle ne marque aucun reste de vie
1255 Que par de longs soupirs, et des gémissements,
Qu'il semble que son cœur va suivre à tous moments.
Vos femmes, dont le soin à l'envi la soulage,
Ont découvert son sein, pour leur donner passage.
Moi-même, avec ardeur secondant ce dessein,
1260 J'ai trouvé ce billet enfermé dans son sein.
Du prince votre amant j'ai reconnu la lettre,
Et j'ai cru qu'en vos mains je devais le remettre.

ROXANE

Donne. Pourquoi frémir ? Et quel trouble soudain
Me glace à cet objet et fait trembler ma main ?
1265 Il peut l'avoir écrit sans m'avoir offensée.
Il peut même... Lisons, et voyons sa pensée.
. . . . . *Ni la mort, ni vous-même,*
Ne me ferez jamais prononcer que je l'aime,
    Puisque jamais je n'aimerai que vous.
1270 Ah ! de la trahison me voilà donc instruite.
Je reconnais l'appas, dont ils m'avaient séduite [1].
Ainsi donc [2] mon amour était récompensé,
Lâche, indigne du jour que je t'avais laissé ?
Ah ! je respire enfin. Et ma joie est extrême
1275 Que le traître une fois se soit trahi lui-même.
Libre des soins cruels, où j'allais m'engager,
Ma tranquille fureur n'a plus qu'à se venger.
Qu'il meure. Vengeons-nous. Courez. Qu'on le sai-
[sisse.

Que la main des muets s'arme pour son supplice.
1280 Qu'ils viennent préparer ces nœuds infortunés,
Par qui de ses pareils les jours sont terminés.
Cours, Zatime, sois prompte à servir ma colère.

ZATIME

Ah Madame !

ROXANE

Quoi donc ?

ZATIME

Si sans trop vous déplaire,
Dans les justes transports, Madame, où je vous vois,
1285 J'osais vous faire entendre une timide voix ;
Bajazet, il est vrai, trop indigne de vivre,
Aux mains de ces cruels mérite qu'on le livre.
Mais tout ingrat qu'il est, croyez-vous aujourd'hui
Qu'Amurat ne soit pas plus à craindre que lui ?
1290 Et qui sait si déjà quelque bouche infidèle
Ne l'a point averti de votre amour nouvelle ?
Des cœurs comme le sien, vous le savez assez,
Ne se regagnent plus, quand ils sont offensés,
Et la plus prompte mort dans ce moment sévère
1295 Devient de leur amour la marque la plus chère [1].

ROXANE

Avec quelle insolence, et quelle cruauté,
Ils se jouaient tous deux de ma crédulité !
Quel penchant, quel plaisir je sentais à les croire !
Tu ne remportais pas une grande victoire,
1300 Perfide, en abusant ce cœur préoccupé [2],
Qui lui-même craignait de se voir détrompé [3].

Moi ! qui de ce haut rang qui me rendait si fière,
Dans le sein du malheur t'ai cherché la première,
Pour attacher des jours tranquilles, fortunés,
1305 Aux périls dont tes jours étaient environnés,
Après tant de bonté, de soin, d'ardeurs extrêmes,
Tu ne saurais jamais prononcer que tu m'aimes !
Mais dans quel souvenir [1] me laissé-je égarer ?
Tu pleures malheureuse ? Ah ! tu devais pleurer,
1310 Lorsque d'un vain désir à ta perte poussée,
Tu conçus de le voir la première pensée [2].
Tu pleures ? Et l'ingrat tout prêt à te trahir
Prépare les discours dont il veut t'éblouir.
Pour plaire à ta rivale il prend soin de sa vie.
1315 Ah ! traître, tu mourras. Quoi ! tu n'es point partie ?
Va. Mais nous-même allons, précipitons nos pas.
Qu'il me voie attentive au soin de son trépas,
Lui montrer à la fois, et l'ordre de son frère,
Et de sa trahison ce gage trop sincère.
1320 Toi, Zatime, retiens ma rivale en ces lieux.
Qu'il n'ait en expirant que ses cris pour adieux.
Qu'elle soit cependant fidèlement servie.
Prends soin d'elle. Ma haine a besoin de sa vie.
Ah ! si pour son amant facile à s'attendrir
1325 La peur de son trépas la fit presque mourir,
Quel surcroît de vengeance et de douceur nouvelle,
De le montrer bientôt pâle et mort devant elle,
De voir sur cet objet ses regards arrêtés
Me payer les plaisirs que je leur ai prêtés !
1330 Va, retiens-la. Surtout garde bien le silence.
Moi... Mais qui vient ici différer ma vengeance ?

SCÈNE VI

ROXANE, ACOMAT, OSMIN

ACOMAT

Que faites-vous, Madame ? En quels retardements
D'un jour si précieux perdez-vous les moments ?
Byzance par mes soins presque entière assemblée
Interroge ses chefs, de leur crainte troublée.
Et tous, pour s'expliquer, ainsi que mes amis,
Attendent le signal que vous m'aviez promis.
D'où vient que sans répondre à leur impatience,
Le sérail cependant garde un triste silence ?
Déclarez-vous, Madame, et sans plus différer...

ROXANE

Oui, vous serez content, je vais me déclarer.

ACOMAT

Madame, quel regard, et quelle voix sévère
Malgré votre discours m'assure du contraire ?
Quoi ! déjà votre amour des obstacles vaincu...

ROXANE

Bajazet est un traître, et n'a que trop vécu.

ACOMAT

Lui !

ROXANE

Pour moi, pour vous-même également perfide,
Il nous trompait tous deux.

ACOMAT

Comment ?

ROXANE

Cette Atalide,
Qui même n'était pas un assez digne prix,
De tout ce que pour lui vous avez entrepris...

ACOMAT

1350 Eh bien ?

ROXANE

Lisez. Jugez après cette insolence,
Si nous devons d'un traître embrasser la défense.
Obéissons plutôt à la juste rigueur
D'Amurat qui s'approche et retourne vainqueur,
Et livrant sans regret un indigne complice,
1355 Apaisons le sultan par un prompt sacrifice.

ACOMAT *lui rendant le billet.*

Oui, puisque jusque-là l'ingrat m'ose outrager,
Moi-même, s'il le faut, je m'offre à vous venger,
Madame. Laissez-moi nous laver l'un et l'autre
Du crime que sa vie [1] a jeté sur la nôtre.
1360 Montrez-moi le chemin, j'y cours.

ROXANE

Non, Acomat.

Laissez-moi le plaisir de confondre l'ingrat.
Je veux voir son désordre, et jouir de sa honte.
Je perdrais ma vengeance en la rendant si prompte.
Je vais tout préparer. Vous cependant allez
1365 Disperser promptement vos amis assemblés.

SCÈNE VII

ACOMAT, OSMIN

ACOMAT

Demeure. Il n'est pas temps, cher Osmin, que je
[sorte.

OSMIN

Quoi, jusque-là, Seigneur, votre amour vous trans-
[porte ?
N'avez-vous pas poussé la vengeance assez loin ?
Voulez-vous de sa mort être encor le témoin ?

ACOMAT

1370 Que veux-tu dire ? Es-tu toi-même si crédule,
Que de me soupçonner d'un courroux ridicule ;
Moi jaloux ? Plût au ciel qu'en me manquant de foi,
L'imprudent Bajazet n'eût offensé que moi !

OSMIN

Et pourquoi donc, Seigneur, au lieu de le défendre...

ACOMAT

1375 Et la sultane est-elle en état de m'entendre ?
Ne voyais-tu pas bien, quand je l'allais trouver,
Que j'allais avec lui me perdre, ou me sauver ?
Ah, de tant de conseils événement sinistre [1] !
Prince aveugle ! ou plutôt trop aveugle ministre !
1380 Il te sied bien, d'avoir en de si jeunes mains
Chargé d'ans, et d'honneurs, confié tes desseins,
Et laissé d'un vizir la fortune flottante
Suivre de ces amants la conduite imprudente.

OSMIN

Hé ! laissez-les entre eux exercer leur courroux.
1385 Bajazet veut périr, Seigneur, songez à vous.
Qui peut de vos desseins révéler le mystère,
Sinon quelques amis engagés à se taire ?
Vous verrez par sa mort le sultan adouci.

ACOMAT

Roxane en sa fureur peut raisonner ainsi ;
1390 Mais moi, qui vois plus loin, qui par un long usage
Des maximes du trône ai fait l'apprentissage,
Qui d'emplois en emplois vieilli sous trois sultans,
Ai vu de mes pareils les malheurs éclatants [2],
Je sais, sans me flatter, que de sa seule audace
1395 Un homme tel que moi doit attendre sa grâce,
Et qu'une mort sanglante est l'unique traité
Qui reste entre l'esclave, et le maître irrité.

OSMIN

Fuyez donc.

ACOMAT

J'approuvais tantôt cette pensée,
Mon entreprise alors était moins avancée.
Mais il m'est désormais trop dur de reculer.
Par une belle chute il faut me signaler,
Et laisser un débris [1] du moins après ma fuite,
Qui de mes ennemis retarde la poursuite.
Bajazet vit encor. Pourquoi nous étonner [2] ?
Acomat de plus loin a su le ramener.
Sauvons-le, malgré lui, de ce péril extrême,
Pour nous, pour nos amis, pour Roxane elle-même.
Tu vois combien son cœur prêt à le protéger,
A retenu mon bras trop prompt à la venger.
Je connais peu l'amour. Mais j'ose te répondre
Qu'il n'est pas condamné puisqu'on le veut confon-
                                              [dre [3],
Que nous avons du temps. Malgré son désespoir
Roxane l'aime encore, Osmin, et le va voir.

OSMIN

Enfin que vous inspire une si noble audace ?
Si Roxane l'ordonne, il faut quitter la place.
Ce palais est tout plein...

ACOMAT

Oui, d'esclaves obscurs,
Nourris loin de la guerre, à l'ombre de ses murs.
Mais toi, dont la valeur d'Amurat oubliée
Par de communs chagrins à mon sort s'est liée,
Voudras-tu jusqu'au bout seconder mes fureurs ?

OSMIN

Seigneur, vous m'offensez. Si vous mourez, je meurs.

ACOMAT

D'amis, et de soldats une troupe hardie
Aux portes du palais attend notre sortie.
La sultane d'ailleurs se fie à mes discours.
1425 Nourri dans le sérail j'en connais les détours.
Je sais de Bajazet l'ordinaire demeure.
Ne tardons plus. Marchons. Et s'il faut que je meure,
Mourons, moi, cher Osmin, comme un vizir ; et toi,
Comme le favori d'un homme tel que moi.

Fin du quatrième Acte.

ACTE V

SCÈNE PREMIÈRE

ATALIDE, *seule.*

1430 Hélas ! je cherche en vain. Rien ne s'offre à ma vue.
Malheureuse ! comment puis-je l'avoir perdue ?
Ciel, aurais-tu permis que mon funeste amour
Exposât mon amant tant de fois en un jour ?
Que pour dernier malheur, cette lettre fatale
1435 Fût encor parvenue aux yeux de ma rivale ?
J'étais en ce lieu même, et ma timide main,
Quand Roxane a paru, l'a cachée en mon sein.
Sa présence a surpris mon âme désolée.
Ses menaces, sa voix, un ordre m'a troublée.
1440 J'ai senti défaillir ma force, et mes esprits.
Ses femmes m'entouraient quand je les ai repris,
À mes yeux étonnés leur troupe est disparue.
Ah ! trop cruelles mains qui m'avez secourue,
Vous m'avez vendu cher vos secours inhumains,
1445 Et par vous cette lettre a passé dans ses mains.
Quels desseins maintenant occupent sa pensée ?
Sur qui sera d'abord sa vengeance exercée ?

Quel sang pourra suffire à son ressentiment ?
Ah ! Bajazet est mort, ou meurt en ce moment.
1450 Cependant on m'arrête, on me tient enfermée.
On ouvre. De son sort je vais être informée.

SCÈNE II

ROXANE, ATALIDE, ZATIME

ROXANE

Retirez-vous...

ATALIDE

Madame... Excusez l'embarras...

ROXANE

Retirez-vous, vous dis-je, et ne répliquez pas.
Gardes, qu'on la retienne.

SCÈNE III

ROXANE, ZATIME

ROXANE

Oui, tout est prêt, Zatime.
1455 Orcan, et les muets attendent leur victime.
Je suis pourtant toujours maîtresse de son sort.
Je puis le retenir. Mais s'il sort, il est mort.
Vient-il ?

ZATIME

Oui, sur mes pas un esclave l'amène ;
Et loin de soupçonner sa disgrâce prochaine,
60 Il m'a paru, Madame, avec empressement
Sortir, pour vous chercher, de son appartement.

ROXANE

Âme lâche, et trop digne enfin d'être déçue [1],
Peux-tu souffrir encor qu'il paraisse à ta vue ?
Crois-tu par tes discours le vaincre ou l'étonner ?
65 Quand même il se rendrait, peux-tu lui pardonner ?
Quoi ! ne devrais-tu pas être déjà vengée ?
Ne crois-tu pas encore être assez outragée ?
Sans perdre tant d'efforts sur ce cœur endurci,
Que ne le laissons-nous périr... Mais le voici.

SCÈNE IV

BAJAZET, ROXANE

ROXANE

470 Je ne vous ferai point des reproches frivoles.
Les moments sont trop chers pour les perdre en
[paroles.
Mes soins vous sont connus. En un mot, vous vivez,
Et je ne vous dirais que ce que vous savez.
Malgré tout mon amour, si je n'ai pu vous plaire,
475 Je n'en murmure point. Quoique à ne vous rien taire,
Ce même amour peut-être, et ces mêmes bienfaits,

Auraient dû suppléer à mes faibles attraits.
Mais je m'étonne enfin que pour reconnaissance,
Pour prix de tant d'amour, de tant de confiance [1],
1480 Vous ayez si longtemps par des détours si bas,
Feint un amour pour moi que vous ne sentiez pas.

BAJAZET

Qui moi, Madame ?

ROXANE

        Oui, toi. Voudrais-tu point encore
Me nier un mépris que tu crois que j'ignore ;
Ne prétendrais-tu point par tes fausses couleurs [2]
1485 Déguiser un amour qui te retient ailleurs,
Et me jurer enfin, d'une bouche perfide,
Tout ce que tu ne sens que pour ton Atalide ?

BAJAZET

Atalide, Madame ! ô ciel ! qui vous a dit...

ROXANE

Tiens, perfide, regarde, et démens cet écrit.

BAJAZET

1490 Je ne vous dis plus rien. Cette lettre sincère
D'un malheureux amour contient tout le mystère.
Vous savez un secret que tout prêt à s'ouvrir
Mon cœur a mille fois voulu vous découvrir.
J'aime, je le confesse. Et devant que votre âme
1495 Prévenant mon espoir m'eût déclaré sa flamme [3],
Déjà plein d'un amour dès l'enfance formé
À tout autre désir mon cœur était fermé,
Vous me vîntes offrir, et la vie, et l'empire,

Et même votre amour, si j'ose vous le dire,
1500 Consultant vos bienfaits, les crut, et sur leur foi
De tous mes sentiments vous répondit pour moi [1].
Je connus votre erreur. Mais que pouvais-je faire ?
Je vis en même temps qu'elle vous était chère.
Combien le trône tente un cœur ambitieux !
1505 Un si noble présent me fit ouvrir les yeux.
Je chéris, j'acceptai sans tarder davantage,
L'heureuse occasion de sortir d'esclavage ;
D'autant plus qu'il fallait l'accepter, ou périr ;
D'autant plus que vous-même ardente à me l'offrir
1510 Vous ne craigniez rien tant que d'être refusée,
Que même mes refus vous auraient exposée,
Qu'après avoir osé me voir et me parler,
Il était dangereux pour vous de reculer.
Cependant je n'en veux pour témoins que vos
                                    [plaintes.
1515 Ai-je pu vous tromper par des promesses feintes [2] ?
Songez combien de fois vous m'avez reproché
Un silence témoin de mon trouble caché.
Plus l'effet de vos soins, et ma gloire étaient proches [3],
Plus mon cœur interdit se faisait de reproches.
1520 Le ciel, qui m'entendait, sait bien qu'en même temps
Je ne m'arrêtais pas à des vœux impuissants.
Et si l'effet enfin suivant mon espérance
Eût ouvert un champ libre à ma reconnaissance,
J'aurais par tant d'honneurs, par tant de dignités,
1525 Contenté votre orgueil [4], et payé vos bontés,
Que vous-même peut-être...

ROXANE

                          Et que pourrais-tu faire ?
Sans l'offre de ton cœur par où peux-tu me plaire ?

Quels seraient de tes vœux les inutiles fruits ?
Ne te souvient-il plus de tout ce que je suis ?
1530 Maîtresse du sérail, arbitre de ta vie,
Et même de l'État qu'Amurat me confie,
Sultane, et ce qu'en vain j'ai cru trouver en toi,
Souveraine d'un cœur qui n'eût aimé que moi [1].
Dans ce comble de gloire, où je suis arrivée,
1535 À quel indigne honneur m'avais-tu réservée ?
Traînerais-je en ces lieux un sort infortuné,
Vil rebut d'un ingrat que j'aurais couronné,
De mon rang descendue, à mille autres égale,
Ou la première esclave enfin de ma rivale ?
1540   Laissons ces vains discours. Et sans m'importuner,
Pour la dernière fois veux-tu vivre et régner ?
J'ai l'ordre d'Amurat, et je puis t'y soustraire.
Mais tu n'as qu'un moment. Parle.

BAJAZET

                                    Que faut-il faire ?

ROXANE

Ma rivale est ici. Suis-moi sans différer.
1545 Dans les mains des muets viens la voir expirer [2].
Et libre d'un amour à ta gloire funeste
Viens m'engager ta foi ; le temps fera le reste.
Ta grâce est à ce prix, si tu veux l'obtenir.

BAJAZET

Je ne l'accepterais que pour vous en punir,
1550 Que pour faire éclater aux yeux de tout l'empire
L'horreur et le mépris que cette offre m'inspire.
    Mais à quelle fureur me laissant emporter
Contre ses tristes jours vais-je vous irriter ?

De mes emportements elle n'est point complice,
55 Ni de mon amour même, et de mon injustice.
Loin de me retenir par des conseils jaloux,
Elle me conjurait de me donner à vous [1].
En un mot séparez ses vertus de mon crime.
Poursuivez, s'il le faut, un courroux légitime,
60 Aux ordres d'Amurat hâtez-vous d'obéir.
Mais laissez-moi du moins mourir sans vous haïr.
Amurat avec moi ne l'a point condamnée.
Épargnez une vie assez infortunée.
Ajoutez cette grâce à tant d'autres bontés,
65 Madame. Et si jamais je vous fus cher...

ROXANE

Sortez.

SCÈNE V

ROXANE, ZATIME

ROXANE

Pour la dernière fois, perfide, tu m'as vue,
Et tu vas rencontrer la peine qui t'est due.

ZATIME

Atalide à vos pieds demande à se jeter,
Et vous prie un moment de vouloir l'écouter,
70 Madame. Elle vous veut faire l'aveu fidèle,
D'un secret important qui vous touche plus qu'elle.

ROXANE

Oui, qu'elle vienne. Et toi, suis Bajazet qui sort,
Et quand il sera temps, viens m'apprendre son sort.

SCÈNE VI

ROXANE, ATALIDE

ATALIDE

Je ne viens plus, Madame, à feindre disposée
1575 Tromper votre bonté si longtemps abusée.
Confuse, et digne objet de vos inimitiés,
Je viens mettre mon cœur, et mon crime à vos pieds.
Oui, Madame, il est vrai que je vous ai trompée.
Du soin de mon amour seulement occupée,
1580 Quand j'ai vu Bajazet, loin de vous obéir,
Je n'ai dans mes discours songé qu'à vous trahir.
Je l'aimai dès l'enfance. Et dès ce temps, Madame,
J'avais par mille soins su prévenir son âme [1].
La sultane sa mère ignorant l'avenir,
1585 Hélas ! pour son malheur, se plut à nous unir.
Vous l'aimâtes depuis. Plus heureux l'un et l'autre,
Si connaissant mon cœur, ou me cachant le vôtre,
Votre amour de la mienne eût su se défier !
Je ne me noircis point, pour le justifier.
1590 Je jure par le ciel, qui me voit confondue,
Par ces grands Ottomans, dont je suis descendue,
Et qui tous avec moi vous parlent à genoux,
Pour le plus pur du sang, qu'ils ont transmis en nous.

Bajazet à vos soins tôt ou tard plus sensible,
1595 Madame, à tant d'attraits n'était pas invincible.
Jalouse, et toujours prête à lui représenter
Tout ce que je croyais digne de l'arrêter,
Je n'ai rien négligé, plaintes, larmes, colère,
Quelquefois attestant les mânes de sa mère ;
1600 Ce jour même, des jours le plus infortuné,
Lui reprochant l'espoir qu'il vous avait donné,
Et de ma mort enfin le prenant à partie,
Mon importune ardeur ne s'est point ralentie,
Qu'arrachant, malgré lui des gages de sa foi,
1605 Je ne sois parvenue à le perdre avec moi.
    Mais pourquoi vos bontés seraient-elles lassées ?
Ne vous arrêtez point à ses froideurs passées.
C'est moi qui l'y forçai. Les nœuds que j'ai rompus
Se rejoindront bientôt, quand je ne serai plus.
1610 Quelque peine pourtant qui soit due à mon crime,
N'ordonnez pas vous-même une mort légitime,
Et ne vous montrez point à son cœur éperdu,
Couverte de mon sang par vos mains répandu.
D'un cœur trop tendre encore épargnez la faiblesse.
1615 Vous pouvez de mon sort me laisser la maîtresse,
Madame, mon trépas n'en sera pas moins prompt.
Jouissez d'un bonheur [1], dont ma mort vous répond.
Couronnez un héros, dont vous serez chérie.
J'aurai soin de ma mort, prenez soin de sa vie.
1620 Allez, Madame, allez. Avant votre retour
J'aurai d'une rivale affranchi votre amour.

ROXANE

Je ne mérite pas un si grand sacrifice.
Je me connais, Madame, et je me fais justice.
Loin de vous séparer, je prétends aujourd'hui

1625 Par des nœuds éternels vous unir avec lui [1].
Vous jouirez bientôt de son aimable vue.
Levez-vous. Mais que veut Zatime toute émue ?

SCÈNE VII

ROXANE, ATALIDE, ZATIME

ZATIME

Ah ! venez vous montrer, Madame, ou désormais
Le rebelle Acomat est maître du palais.
1630 Profanant des sultans la demeure sacrée,
Ses criminels amis en ont forcé l'entrée.
Vos esclaves tremblants, dont la moitié s'enfuit,
Doutent si le vizir vous sert, ou vous trahit.

ROXANE

Ah les traîtres ! allons, et courons le confondre.
1635 Toi, garde ma captive, et songe à m'en répondre.

SCÈNE VIII

ATALIDE, ZATIME

ATALIDE

Hélas ! pour qui mon cœur doit-il faire des vœux ?
J'ignore quel dessein les anime tous deux,
Si de tant de malheurs quelque pitié te touche,

Je ne demande point, Zatime, que ta bouche
₅₄₀ Trahisse en ma faveur Roxane et son secret.
Mais de grâce, dis-moi ce que fait Bajazet.
L'as-tu vu ? Pour ses jours n'ai-je encor rien à
                                    [craindre ?

ZATIME

Madame, en vos malheurs je ne puis que vous
                                    [plaindre.

ATALIDE

Quoi, Roxane déjà l'a-t-elle condamné ?

ZATIME

₅₄₅ Madame, le secret m'est sur tout ordonné.

ATALIDE

Malheureuse, dis-moi seulement s'il respire.

ZATIME

Il y va de ma vie, et je ne puis rien dire.

ATALIDE

Ah ! c'en est trop, cruelle. Achève, et que ta main
Lui donne de ton zèle un gage plus certain.
₅₅₀ Perce toi-même un cœur que ton silence accable,
D'une esclave barbare esclave impitoyable.
Précipite des jours qu'elle me veut ravir,
Montre-toi, s'il se peut, digne de la servir.
Tu me retiens en vain [1]. Et dès cette même heure
₅₅₅ Il faut que je le voie, ou du moins que je meure.

SCÈNE IX

ATALIDE, ACOMAT, ZATIME

ACOMAT

Ah, que fait Bajazet ? Où le puis-je trouver,
Madame ? Aurai-je encor le temps de le sauver ?
Je cours tout le sérail [1]. Et même dès l'entrée
De mes braves amis la moitié séparée
1660 A marché sur les pas du courageux Osmin.
Le reste m'a suivi par un autre chemin.
Je cours, et je ne vois que des troupes craintives.
D'esclaves effrayés, de femmes fugitives.

ATALIDE

Ah ! je suis de son sort moins instruite que vous.
1665 Cette esclave le sait.

ACOMAT

Crains mon juste courroux,
Malheureuse, réponds.

SCÈNE X

ATALIDE, ACOMAT, ZATIME, ZAÏRE

ZAÏRE

Madame !

ATALIDE

                              Eh bien, Zaïre,
Qu'est-ce ?

ZAÏRE

      Ne craignez plus. Votre ennemie expire.

ATALIDE

Roxane ?

ZAÏRE

            Et ce qui va bien plus vous étonner,
Orcan lui-même, Orcan vient de l'assassiner.

ATALIDE

570 Quoi ! lui ?

ZAÏRE

                  Désespéré d'avoir manqué son crime,
Sans doute il a voulu prendre cette victime.

ATALIDE

Juste ciel, l'innocence a trouvé ton appui [1].
Bajazet vit encor, vizir, courez à lui.

ZAÏRE

Par la bouche d'Osmin vous serez mieux instruite,
575 Il a tout vu.

SCÈNE XI

ACOMAT

Ses yeux ne l'ont-ils point séduite ?
Roxane est-elle morte ?

OSMIN

Oui, j'ai vu l'assassin
Retirer son poignard tout fumant de son sein.
Orcan qui méditait ce cruel stratagème,
La servait à dessein de la perdre elle-même,
1680 Et le sultan l'avait chargé secrètement,
De lui sacrifier l'amante après l'amant.
Lui-même d'aussi loin qu'il nous a vus paraître,
Adorez, a-t-il dit, *l'ordre de votre maître.*
De son auguste seing reconnaissez les traits,
1685 *Perfides, et sortez de ce sacré palais*[1].
À ce discours laissant la sultane expirante,
Il a marché vers nous, et d'une main sanglante
Il nous a déployé l'ordre, dont Amurat
Autorise ce monstre à ce double attentat.
1690 Mais, Seigneur, sans vouloir l'écouter davantage,
Transportés à la fois de douleur, et de rage,
Nos bras impatients ont puni son forfait,
Et vengé dans son sang la mort de Bajazet.

ATALIDE

Bajazet !

ACOMAT

Que dis-tu ?

OSMIN

Bajazet est sans vie.

₅ L'ignoriez-vous ?

ATALIDE

Ô ciel !

OSMIN

Son amante en furie
Près de ces lieux, Seigneur, craignant votre secours,
Avait au nœud fatal abandonné ses jours [1].
Moi-même des objets j'ai vu le plus funeste,
Et de sa vie en vain j'ai cherché quelque reste,
₁₀ Bajazet était mort. Nous l'avons rencontré
De morts et de mourants noblement entouré,
Que vengeant sa défaite, et cédant sous le nombre,
Ce héros a forcés d'accompagner son ombre.
Mais puisque c'en est fait, Seigneur, songeons à nous.

ACOMAT

₁₅ Ah, destins ennemis, où me réduisez-vous !
Je sais en Bajazet la perte que vous faites,
Madame. Je sais trop qu'en l'état où vous êtes,
Il ne m'appartient point de vous offrir l'appui
De quelques malheureux qui n'espéraient qu'en lui.
₂₀ Saisi, désespéré d'une mort qui m'accable,
Je vais, non point sauver cette tête coupable,
Mais redevable aux soins de mes tristes amis

Défendre jusqu'au bout leurs jours qu'ils m'ont
[commis.
Pour vous, si vous voulez, qu'en quelque autre
[contrée
1715 Nous allions confier votre tête sacrée,
Madame, consultez. Maître de ce palais,
Mes fidèles amis attendront vos souhaits.
Et moi, pour ne point perdre un temps si salutaire,
Je cours où ma présence est encore nécessaire,
1720 Et jusqu'au pied des murs que la mer vient laver,
Sur mes vaisseaux tout prêts je viens vous retrouver.

SCÈNE DERNIÈRE

ATALIDE, ZAÏRE

ATALIDE

Enfin c'en est donc fait. Et par mes artifices
Mes injustes soupçons, mes funestes caprices,
Je suis donc arrivée au douloureux moment,
1725 Où je vois par mon crime expirer mon amant.
N'était-ce pas assez, cruelle destinée,
Qu'à lui survivre hélas ! je fusse condamnée ?
Et fallait-il encor que pour comble d'horreurs
Je ne pusse imputer sa mort qu'à mes fureurs ?
1730 Oui, c'est moi, cher amant, qui t'arrache la vie,
Roxane, ou le sultan, ne te l'ont point ravie.
Moi seule, j'ai tissu le lien malheureux
Dont tu viens d'éprouver les détestables nœuds [1].
Et je puis, sans mourir, en souffrir la pensée ?

1735 Moi, qui n'ai pu tantôt, de ta mort menacée,
Retenir mes esprits, prompts à m'abandonner !
Ah ! n'ai-je eu de l'amour que pour t'assassiner ?
Mais c'en est trop. Il faut par un prompt sacrifice
Que ma fidèle main te venge, et me punisse.
1740 Vous, de qui j'ai troublé la gloire, et le repos,
Héros, qui deviez tous revivre en ce héros,
Toi, mère malheureuse, et qui dès notre enfance,
Me confias son cœur, dans une autre espérance,
Infortuné vizir, amis désespérés,
1745 Roxane, venez tous contre moi conjurés,
Tourmenter à la fois une amante éperdue,
    Elle se tue.
Et prenez la vengeance enfin qui vous est due.

ZAÏRE

Ah ! Madame... Elle expire. Ô ciel ! en ce malheur
Que ne puis-je avec elle expirer de douleur ?

DOSSIER

CHRONOLOGIE
1639-1699

1639. 22 décembre, baptême à La Ferté-Milon de Jean Racine, d'une famille de petits notables provinciaux, liée aux jansénistes de Port-Royal.

1641-1643. Décès de sa mère, morte en couches, puis de son père. Jean et sa sœur sont pris en charge par leurs grands-parents, maternels puis paternels.

1649-1658. Sa grand-mère à son veuvage est admise avec son petit-fils et filleul à l'abbaye de Port-Royal des Champs, où sa fille Agnès, future abbesse, est religieuse depuis un an. Le jeune garçon est éduqué à titre gracieux par les maîtres des Petites Écoles, et dans les collèges jansénistes de Beauvais et d'Harcourt à Paris.

1659-1660. Entrée dans le monde des lettres : rencontre de La Fontaine, premier essai de tragédie, poésies de circonstance qui lui valent une gratification.

1661-1662. Retraite de quelques mois à Uzès auprès d'un oncle vicaire général dans l'espoir, déçu, d'un bénéfice ecclésiastique.

1663. Retour à Paris : Racine fréquente Molière, Boileau, et se fait remarquer par des poésies encomiastiques qui lui vaudront une pension l'année suivante.

1664. 20 juin, création de *La Thébaïde ou les Frères ennemis* par la troupe de Molière.

1665. 4 décembre, création par Molière d'*Alexandre le Grand,* que Racine porte bientôt, contre tout usage, aux comédiens plus prestigieux de l'Hôtel de Bourgogne.

1666. Rupture et polémique avec Port-Royal à l'occasion d'un traité janséniste de Nicole hostile au théâtre.

1667-1668. Liaison avec la Du Parc, arrachée à la troupe de Molière pour créer le personnage titre d'*Andromaque* (17 novembre 1667), et qui meurt dans des conditions mystérieuses.

1668. Attaques de Molière ; premières polémiques du clan cornélien à l'encontre de Racine. Création, en novembre, de son unique comédie, *Les Plaideurs*.

1669. 13 décembre, création de *Britannicus,* sa première tragédie romaine, qui est un demi-échec.

1670. La Champmeslé, qui devient sa nouvelle maîtresse, reprend ou crée les rôles d'héroïnes de ses tragédies. 21 novembre, première de *Bérénice*, qui triomphe du *Tite et Bérénice* de Corneille, créé le 28 par Molière.

1672. 5 janvier, première de *Bajazet*, joué dès le 22 à la cour, où Racine jouit de la protection de la Montespan, maîtresse du roi. En décembre, élection à l'Académie française.

1673. 13 janvier, création de *Mithridate*.

1674. 18 août, création d'*Iphigénie* au cours des fêtes de Versailles. Racine accède à la charge, anoblissante, de Trésorier de France.

1676. Édition collective des *Œuvres*, textes et préfaces remaniés.

1677. 1er janvier, première de *Phèdre et Hippolyte* (devenu *Phèdre* en 1687), en concurrence avec une tragédie de même titre de Pradon. Mariage bourgeois, d'où naîtront sept enfants, et nomination à la charge d'historiographe du roi avec Boileau.

1678. Début d'une carrière de courtisan jusqu'en 1698. Racine et Boileau, en qualité d'historiographes, suivent le roi dans sa campagne contre Gand et Ypres (de même en Alsace en 1683).

1679. Réconciliation avec Port-Royal. Un instant compromis dans l'« affaire des poisons » pour la mort de la Du Parc.

1685. 2 janvier, bel éloge de Pierre Corneille par Racine lors de la réception de Thomas Corneille au fauteuil de son frère.

1687. Nouvelle édition, revue et corrigée, de ses *Œuvres*.

1689. 26 janvier, création d'*Esther*, tragédie biblique, pour l'institution de Saint-Cyr fondée par Mme de Maintenon.

1690. Racine est nommé gentilhomme ordinaire du roi, charge qui deviendra héréditaire en 1693.

1691. 5 janvier, représentation d'*Athalie* en petit comité à Saint-Cyr, en présence du roi.

1691-1693. Racine suit le roi aux sièges de Mons et de Namur.

1695. Le roi lui attribue un logement à Versailles.
1697. Troisième édition collective, révisée, de ses *Œuvres*.
1698. Demi-disgrâce en cour pour ses sympathies port-royalistes.
1699. 21 avril, mort de Racine à Paris, enseveli à Port-Royal.

NOTICE

Les circonstances de composition

Après le succès de *Bérénice* (30 représentations très suivies contre 24 tout au plus au *Tite et Bérénice* de Corneille), Racine s'est définitivement imposé au théâtre. Il peut à son gré se livrer à son goût de l'expérimentation, non sans demeurer attentif au goût et aux curiosités du public. Or le monde ottoman est à l'ordre du jour : les bons rapports franco-turcs, destinés à desserrer l'étau des Habsbourg, connaissent une passe difficile depuis 1665 et la prise de Candie, en Crète, par les Turcs en 1669 en dépit d'un renfort de volontaires français. L'ambassadeur de France à Constantinople a été mal traité et, à la fin de 1669, l'envoyé de la Sublime Porte auprès de Louis XIV, Soliman Aga, reste insensible aux fastes de Versailles. Sur le plan littéraire, la cérémonie turque du *Bourgeois gentilhomme* de Molière (octobre 1670) est une réplique burlesque, souhaitée par le roi, à cette superbe. Au début de janvier 1672 suivit *Bajazet,* pour lequel Racine eut accès auprès des personnages les mieux informés de la cour, comme il s'en glorifie dans la première Préface.

Mais, tout en collant à l'actualité, Racine pouvait se prévaloir aussi d'une tradition du genre tragique interrompue depuis la Fronde : avant de se cantonner, après son renouveau dans la décennie 1630, aux sujets antiques (parfois situés en Orient comme le *Mithridate* de Racine fin 1672), la tragédie avait aussi expérimenté des sujets modernes, élisabéthains, ou turcs sur le thème de Soliman le Magnifique [1]. Cet intérêt fut prolongé par le

---

1. Dalibray, *Soliman,* tragicomédie, 1637, Mairet, *Le Grand et dernier Soliman, ou la Mort de Mustapha,* 1637-1638 (il s'agit de la fin tragique

roman à succès des Scudéry, *Ibrahim ou l'Illustre Bassa* (1641), bientôt porté à la scène par Georges de Scudéry lui-même puis par Desfontaines [1], en attendant l'*Osman* de Tristan en 1647 [2]. Or *Bajazet* rappelle avec insistance, en toile de fond, tous ces précédents (II, 1), et notamment l'exemple de Soliman, qui a la même valeur de référence que les héros de la guerre de Troie pour la génération des héritiers dans *Andromaque*. Par ailleurs, le sultan régnant en 1670, Memhet IV, médite depuis Andrinople, sans résultat d'après la *Gazette* de Robinet de septembre-octobre, la mort de ses frères Soliman, Bajazet et Orcan, protégés par la sultane mère, situation qui réactualise le massacre des Bajazet et Soliman (ou Orcan) de 1635, puis de Kasim en 1638, par leur frère Mourad IV (l'Amurat de *Bajazet*), que Racine choisit dès lors de dramatiser. Mais le retour périodique des mêmes conflits dynastiques dans l'actualité, et à peu près sous les mêmes noms, se prête aussi aux effets de surimpression propres à mettre au jour, au-delà de l'écume des événements, du reste incertains dans le détail, les constantes d'une structure politique.

Le traitement des sources

Même si Racine entend mettre en œuvre une conception du tragique qui lui soit propre, ce travail de sélection, de distorsion et de mythisation des sources historiques, constant dans la pratique classique [3], tient compte du goût dominant pour la galanterie,

---

de Mustapha, fils aîné de Soliman, étranglé en 1553 sur ordre de son père à l'instigation de la sultane Roxelane ; sur celle-ci, voir *Bajazet*, v. 466 sq.).

1. Scudéry, *Ibrahim*, 1642, Desfontaines, *Perside, ou la Suite d'Ibrahim Bassa*, 1644 (cet Ibrahim est un personnage d'invention, chrétien déguisé devenu grand vizir de Soliman et détesté de Roxelane). Citons encore une *Roxelane* de Desmares, 1642, et en 1648 *Le Grand Tamerlan, ou la Mort de Bajazet* de Magnon (il s'agit de Bajazet Ier, défait par Tamerlan en 1402, cf. *Bajazet*, v. 456-459). Il y avait eu aussi à la Renaissance *La Soltane* de Bounin, écrite vers 1554-1558 et publiée en 1561 (le nom de Roxelane y était francisé en Rose).

2. Cette pièce (publiée posthume en 1656) dramatise la déposition sanglante d'Osman au profit de son frère Amurat en 1622 ; cf. *Bajazet*, v. 488 sq.

3. Cf., sur le thème de Bérénice et le travail de transformation par l'imaginaire de la vieille maîtresse de Titus en amante idéale incarnant

qui trouvait un relais tout préparé dans une mise en forme romancée de l'épisode par Segrais, sous le titre de *Floridon ou l'amour
imprudent,* sixième et dernière des *Nouvelles françaises, ou les Diver-
tissements de la princesse Aurélie,* publiées en 1656. Mais comme
d'usage, Racine passe sous silence les médiations modernes, souvent déterminantes, pour mettre l'accent sur les sources proprement historiques de nature à garantir la vraisemblance de
l'intrigue, et sa propre crédibilité auprès des doctes, d'autant plus
que le clan cornélien reste très sourcilleux sur ce point.

L'histoire fournit l'enjeu politique, que le dramaturge trans-
forme en crise de régime en imaginant Amurat sans postérité (il
avait alors des fils, qui moururent peu après), et Bajazet au centre
d'une conspiration, à la manière des crises de succession de *La
Thébaïde, Britannicus, Bérénice, Phèdre* bientôt. Racine affirme s'être
documenté sur la Turquie dans la toute récente traduction de
l'anglais de l'*Histoire de l'Empire ottoman* de Rycaut (1670), et avoir
bénéficié des avis autorisés de La Haye, ambassadeur auprès du
Grand Seigneur jusqu'en 1671. Sur les faits eux-mêmes les sources
d'information ne manquaient pas cependant, parmi lesquelles
l'*Histoire des Turcs* de Mézeray (1650) et l'*Abrégé de l'histoire des Turcs*
de Du Verdier (1665) ; dans le *Mercure galant* Donneau de Visé se
référera pour sa part aux *Voyages du sieur Du Loir* (1654). C'est un
peu abusivement que dans sa préface Racine privilégie une tradition orale directe en renvoyant aux récits, plus circonstanciés sans
doute, de l'ambassadeur Cézy, en poste de 1619 à 1644, transmis
jusqu'à lui par divers intermédiaires, parmi lesquels il nomme le
chevalier de Nantouillet, quoiqu'il fût tout juste âgé de dix-sept
ans à la mort de Cézy en 1652.

Racine n'en modifie pas moins librement les « circonstances »,
puisqu'il téléscope les sièges d'Érivan en 1635 et de Bagdad en
1638, suivis des mises à mort respectivement de Soliman et Bajazet,
puis de Kasim, pour faire mourir son Bajazet à l'occasion de la
prise de Bagdad, et qu'il concentre l'intérêt sur ce prince en tai-
sant l'existence d'autres frères, à l'exception d'Ibrahim, qui succédera à Mourad en 1640. Quant à l'idée d'un complot en faveur
de Bajazet, elle est toute d'invention, car le vizir était à l'armée.
De même, les « particularités » de cette mort sont remodelées pour

l'*amour de loin,* la mise au point de Georges Couton dans la notice de
Tite et Bérénice au tome III de son édition des *Œuvres complètes* de Corneille, Pléiade, 1987.

donner une intrigue de tragédie à la française. Une dépêche de Cézy en date du 10 mars 1640 précisait que « le prince Bajazet, que la sultane aimait chèrement bien que fils d'une autre femme, devint amoureux d'une belle fille favorite de ladite sultane et la vit de si près qu'elle se trouva grosse, ce que la sultane voulut tenir si secret que le Grand Seigneur n'en a jamais rien su : car on ôta la fille du sérail sans aucun éclat, pour la mettre chez une confidente de la sultane où elle fit ses couches et où l'enfant s'est élevé ». De ces données, Racine retient essentiellement la relation triangulaire entre Bajazet, prisonnier du sérail, la sultane et l'une de ses favorites, et la refaçonne en rivalité amoureuse en dédoublant le personnage de la sultane : tandis qu'il renvoie dans le passé le rôle de protectrice d'une sultane mère, il rajeunit sa Roxane en favorite d'Amurat, sultane mais non encore épousée (à l'instar de la reine Bérénice), qu'il fait éprise du prince qu'elle protège indûment.

La mise en place attendue d'un enjeu amoureux était déjà engagée dans la nouvelle de Segrais, qui compliquait la protection de la sultane mère en relation amoureuse au prince, et imaginait que celle-ci découvrait l'intrigue, désormais secrète, des jeunes gens par une lettre interceptée, qui provoquait l'évanouissement de la jeune Floridon et des explications orageuses de la sultane avec les amants. Racine trouvait donc tout constitué chez le romancier le schéma du conflit passionnel, jusqu'à l'idée de la péripétie majeure de l'acte IV, ainsi que le ressort dramatique des messagers mandatés successivement pour exiger la tête de Bajazet par un Amurat soupçonneux. Restait à Racine, pour recentrer l'intrigue en l'articulant avec le fil politique, à promouvoir la sultane « régente » du sérail au nom d'Amurat, et donc à ce titre opposante de Bajazet, et à élever Acomat, un « vieil eunuque » auxiliaire des amours du sérail chez Segrais, au rang plus enviable de vizir. C'est ainsi que le nœud formé par les exigences contradictoires de la passion et du pouvoir convertit l'anecdote historique romancée en problématique de tragédie.

Pour ce faire l'âge classique, toujours soucieux d'autorité antique, aime à prendre appui sur les patrons éprouvés des chefs-d'œuvre de l'Antiquité, où puiser une « idée » de sujet qui donne forme à l'invention dramatique. Un épisode du fameux roman grec d'Héliodore, *Théagène et Chariclée, ou les Éthiopiques,* propose précisément, autour du trio amoureux de base, un archétype du danger représenté par la passion indiscrète d'une souveraine par

délégation, qui imbrique nettement passion et toute-puissance :
Arsacé, épouse d'un satrape parti en guerre, s'éprend de Théagène qui par prudence a fait passer son amante pour sa sœur, et,
rebutée, finit par les envoyer en prison, d'où les sortira un esclave
infidèle à l'ordre du satrape. Il suffit, puisque les jeunes amants
sont ici dès longtemps épris l'un de l'autre, de remplacer la nour-
rice entremetteuse par Chariclée elle-même, sur le modèle de
Segrais, pour obtenir le schéma de base de la tragédie racinienne.
La nouvelle galante de Segrais (lui-même lecteur probable des
romans grecs), dont Racine retient les éléments principaux, a
donc joué un rôle déterminant de catalyseur ; mais c'est le schème
antique qui, en suggérant le moteur du pouvoir absolu, trans-
forme un scénario de tragédie galante en destin tragique, dont il
revient à Racine d'exploiter les ressources sans concession romanesque, en s'attachant fidèlement à l'histoire ottomane, que la
préface caractérise par la cruauté tant des mœurs que de la
politique.

Réception de l'œuvre

La tragédie, créée à l'Hôtel de Bourgogne le 5 janvier 1672,
connut un éclatant succès, et tint l'affiche près de deux mois, puisque l'*Ariane* de Thomas Corneille, qui lui succéda, fut créée le 26
février ou le 4 mars. Robinet relève dans sa *Gazette*, à la date du
17 janvier, que

> *Bajazet à turque trogne*
> *Triomphe à l'Hôtel de Bourgogne.*

Une représentation exceptionnelle fut même donnée à la cour le
22 janvier à l'occasion du remariage de Monsieur, frère du roi.
Racine prit un privilège le 16 février, enregistré le lendemain, et
l'impression du volume, confiée au libraire Pierre Le Monnier, fut
achevée le 20. Le 4 mars, Mme de Sévigné annonce l'envoi d'un
exemplaire à sa fille Mme de Grignan. Ce succès public explique
sans doute que Racine se soit contenté d'une brève préface en
guise de présentation, destinée à désigner ses informateurs, et
pour la première fois se soit dispensé de rechercher l'appui d'un
dédicataire. En revanche, pour l'édition collective de 1676 il se

crut tenu de rédiger une nouvelle préface, afin de justifier face aux médisances obstinées sa fidélité à l'histoire, le choix d'un sujet contemporain, et l'authenticité de la peinture des mœurs turques.

En effet, l'engouement du début avait porté Mme de Sévigné à se précipiter au théâtre (« "Du bruit de *Bajazet* mon âme importunée [1]" fait que je veux aller à la comédie »), sur la foi des éloges d'un jeune homme à la mode, Tallard, proclamant que cette tragédie nouvelle « est autant au-dessus de celles de Corneille que celles de Corneille sont au-dessus de celles de Boyer [2] (lettre du 13 janvier). Mais, en bonne cornélienne éprise de grands sentiments, la marquise ne tarda pas à exprimer ses réserves habituelles à l'égard d'un poète qui selon elle régresse depuis *Andromaque* : « Et pour ce qui est des belles comédies de Corneille, elles sont autant au-dessus, que celles de Racine sont au-dessus de toutes les autres » (lettre du 15 janvier). Le 16 mars elle étaie un peu plus son jugement : « Le personnage de Bajazet est glacé ; les mœurs des Turcs y sont mal observées ; ils ne font point tant de façons pour se marier. Le dénouement n'est point bien préparé : on n'entre point dans les raisons de cette grande tuerie. Il y a pourtant des choses agréables, et rien de parfaitement beau, rien qui enlève, point de ces tirades de Corneille qui font frissonner. » Quant à Corneille, grand peintre d'histoire dans son théâtre, il aurait confié à Segrais au cours d'une représentation qu'« il n'y a pas un seul personnage dans le *Bajazet* qui ait les sentiments qu'il doit avoir, et que l'on a à Constantinople ; ils ont tous sous un habit turc le sentiment que l'on a au milieu de la France » (*Segraisiana*, 1721). Bref, ces Turcs sont galants comme des courtisans français, et c'est à cette complaisance opportune au goût dominant que la pièce devrait son succès, comme le souligne ironiquement Donneau de Visé, cornélien notoire, dans son *Mercure galant* en mai : « [Après tout] il y a des Turcs qui sont galants, et puis elle plaît ; n'importe comment ; et il ne coûte pas plus, quand on a à feindre, d'inventer des caractères d'honnêtes gens et de femmes tendres et galantes, que ceux de barbares qui ne conviennent pas au goût des dames de ce siècle. » On conçoit qu'à ces insinuations des partisans de la grande tragédie, qui niaient sa

1. Parodie d'*Alexandre* de Racine (I, 2, v. 237) :
   Du bruit de ses exploits mon âme importunée.
2. L'abbé Boyer (1618-1698) est un émule de Corneille en butte aux sarcasmes de Racine et Boileau.

spécificité personnelle par rapport au genre doucereux mis à la mode par Thomas Corneille et Quinault à l'intention du public mondain, Racine ait souhaité répondre en se référant lui-même à l'Antiquité, et aux *Perses* d'Eschyle. Et cela d'autant plus impérieusement que depuis *Bajazet* la tendresse s'épanouissait au détriment de la tragédie dans le genre nouveau de l'opéra, qui faisait courir tout Paris, à la grande irritation du dramaturge, comme en témoigne dans la préface d'*Iphigénie* en 1674 sa verte réplique aux détracteurs de l'*Alceste* d'Euripide transposée en opéra par Quinault et Lully. Ce n'est qu'en 1697 qu'il supprima le dernier paragraphe de la seconde préface, devenu inactuel, sur l'historicité des mœurs turques.

BAJAZET AU THÉÂTRE

Le malentendu originel sur la galanterie d'une tragédie orientale atypique a pesé sur le destin de l'œuvre. Certes elle est donnée régulièrement au théâtre, mais après 25 reprises de 1672 à 1680 et 67 représentations de 1680 à 1700, elle ne connaît plus sur la scène du Théâtre-Français que 184 représentations au XVIII⁰ siècle, 162 au XIX⁰, 125 au XX⁰. Elle reste donc l'une des moins jouées de Racine : 30 reprises et 530 représentations à la Comédie-Française de 1680 à 1994, pour 624 à *Athalie* et 550 à *Bérénice*, à comparer avec les 1 485 d'*Andromaque*, les 1 362 de *Phèdre*, et 1 258 de *Britannicus*. Encore la pure élégie tragique de *Bérénice* a-t-elle connu au XX⁰ siècle une véritable réhabilitation avec 263 représentations, que ne partage pas l'impure tragédie orientale de *Bajazet*, jamais reprise à la Comédie-Française entre 1966 et 1995. Et si elle a attiré au XX⁰ siècle des rénovateurs du théâtre tels que Xavier de Courville en 1926, déjà découvreur de Marivaux, et en 1937 Jacques Copeau, l'« inventeur » de la théâtralité de Molière, c'est sans doute parce qu'elle est, parmi les œuvres de Racine, la moins marquée par la tradition.

En effet, une fois le phénomène de société « galant » passé de mode, et oublié le souvenir de la Champmeslé, l'actrice fétiche de Racine, dont le jeu expressivement touchant dans le rôle de victime d'amour d'Atalide « réchauffe la pièce » au dire de Mme de Sévigné (lettre du 16 mars 1672), le XVIII⁰ siècle se fait sévère pour la trop élégante « douceur » de *Bajazet*. C'est alors que le rôle jugé rebutant de Roxane attire l'attention d'Adrienne Lecouvreur (1721), avant d'occuper le premier plan après 1750 avec la Clairon, qui tire le personnage vers une inhumaine cruauté barbare. Il fallut Rachel en 1838 pour lui restituer ses élans d'hésitation impulsive entrecoupés d'accès de violence incontrôlée. Et ce n'est qu'au xxe siècle que le rôle d'Atalide, une fois mis l'accent sur sa lutte ardente pour le salut de son amant, put sur la scène du Français refaire jeu égal avec elle, comme jadis la Champmeslé face à la d'Ennebaut.

Simultanément, en 1926 Xavier de Courville réhabilitait le rôle de Bajazet, « singulièrement vivant si l'on en fait le prince déshérité dont les nobles élans furent brisés dès l'enfance, et dont la sensibilité s'est aiguisée dans le cloître malsain du sérail ». Jusque-là, par rapport au type habituel du héros de tragédie, le personnage éponyme paraissait en effet faire pâle figure : Voltaire par exemple, tout admirateur de Racine qu'il est, souhaite quelque chose « de plus mâle, de plus fier, de plus animé dans les expressions de ce jeune Ottoman » (lettre à La Noue, 1739). Pour sa part, dans ses tragédies turques de *Zaïre* et *Zulime,* il prétend profiter à plein des possibilités de renouvellement que présente le dépaysement exotique ; mais la prudence de son propre orientalisme sera elle-même dénoncée comme pâle « turquerie » de convention par le goût romantique et postromantique pour la couleur locale.

Le problème de mise en scène de la pièce repose sur la relativité de la notion d'orientalisme, compliquée par la faculté de réception du public, et aggravée par l'intime conviction que pour l'essentiel la couleur locale de Racine est tout intérieure. Le dramaturge n'avait pas moins souhaité pour décor, d'après le *Mémoire* du décorateur Laurent, « un salon à la turque », peut-être en alcôve, tandis qu'en date du 30 janvier le gazetier Robinet s'extasiait devant « les habits superbes » des comédiens, dont donne une idée le portrait par Mignard de la Champmeslé en Atalide. Bien sûr le xviiie siècle renchérit dans le sens d'une relative vérité historique, et Mlle Clairon prétendit être la première à s'habiller « dans la vérité du costume oriental ». Mais la Comédie-Française répugnant aux fantaisies du drame romantique, à la fin du xixe siècle Jules Lemaitre pouvait déplorer une mise en scène incolore : « L'impression serait plus forte encore à la représentation si, au lieu d'un décor largement ouvert, avec de simples tentures aux portes et où l'on peut rentrer comme dans un moulin, la Comédie-Française nous avait mis sous les yeux quelque chambre secrète pareille à une prison, avec d'étroites fenêtres grillagées et de lourdes portes de fer. »

Il fallut Xavier de Courville pour mettre en place, pour la troupe d'amateurs distingués de la Petite Scène, un dispositif scénique suggestif, mais limité à « peu d'ornements, moins d'accessoires encore ; le bazar algérien est dans ce style aussi redoutable que le " salon à la turque " » : « Il faut qu'on puisse entrer dans ce lieu par un long corridor étrange, une sorte de labyrinthe qui soit un acheminement vers la terreur. Il faut qu'on en puisse sortir par un escalier solennel qu'ensoleillent aux heures d'apaisement [à l'acte III] les galeries spacieuses du palais. Et il faut, vers le haut de cet escalier, une lourde grille, dont les battants ne s'ouvriront, au dénouement, que pour conduire à la mort. Il faut, pour aider la sultane à séduire Bajazet, un divan sous une lumière dorée. Qu'entre cinq colonnes vertes tombent des murailles de velours qui s'ouvriront l'une ou l'autre sur le corridor ou sur l'escalier. Le décor changera d'orientation et de lumière, sans cesser d'obéir à l'unité de lieu. » Une telle mise en scène, avec ses jeux de lumière dorée accompagnant les entrées de Roxane, à demi couchée sur le divan à l'acte II pour attirer à elle Bajazet, et ses issues dérobées, semble avoir retenu le meilleur du drame romantique [1].

Au contraire, à la Comédie-Française en 1937, Jacques Copeau, peu enclin aux effets scéniques extérieurs, préféra situer la tragédie entre les murs étouffants d'une forteresse, dans une atmosphère d'ombre lourde tout juste traversée par l'éclat des pierreries, huis clos oriental qui se prêtait de la part des acteurs à un jeu « en dedans » et à une diction intimiste au rebours de la tradition théâtrale (c'est ainsi que la première scène est chuchotée). Le dispositif scénique architecturé imaginé par Louis Sue était composé d'un plateau circulaire surélevé par deux marches, fermé au fond par une colonnade en demi-cercle de proportions monumentales mais qui délimitait une aire de jeu restreinte, réduite encore par de lourds rideaux bleu sombre multipliant les passages secrets. Comme chez Courville, ils donnent une impression de clôture accentuée par la grille frontale, incrustée d'un gong (que frappera Roxane au moment du « Sortez » de l'acte V), qui ferme la colonnade sur un au-delà de créneaux et de cyprès fugitivement éclairés par moments. C'est dans cette logique, tout orientalisme mis à part, que semble se situer le décor du *Bajazet*

---

1. Le divan, ou « sopha », devenu un signe quasi obligé de l'Orient avec les poufs, est attesté à partir de 1818 dans les mises en scène de *Bajazet*. La scène classique ne comportait pas de mobilier.

monté en 1985 au Carré Silvia Monfort, où Dominique Delouche a signifié les pièges de la politique et du désir par la multiplication de hautes grilles fermées, de plain-pied avec les spectateurs. En suggérant une cage aux fauves cette fois rugissante, il visualise dans son appareil scénique, en le systématisant, la ronde autour de Bajazet parfois reprochée comme de mauvais goût à Escande à la Comédie-Française en 1949, telle que la menait une Véra Korène au jeu félin en Roxane câline et perfide à souhait, qui évoquait irrésistiblement un fauve guettant sa proie.

À la suite de Courville encore, Copeau a substitué au récital d'alexandrins des habituelles représentations classiques la mise en évidence d'une intrigue dramatique particulièrement théâtrale. Courville avait eu d'autant plus de mérite pour ce faire que certaines de ses actrices, dont la cantatrice Claire Croiza (Roxane), avaient prétendu s'entourer des conseils de Paul Valéry, attaché à la musicalité du vers avant toute chose, qui avait marqué à leur intention accents et assonances, au risque de transformer la tragédie en oratorio. Copeau quant à lui s'attacha à la plastique des costumes, dus à Marie-Hélène Dasté, d'un orientalisme stylisé digne des Ballets russes (le rouge et noir de Roxane s'harmonisant subtilement au bleu du canapé), aux effets de voiles, et aux déplacements des acteurs de manière à souligner les phases de jeu et à couper le ronronnement de l'alexandrin. Le rythme de la pièce se construisait autour du jeu collectif des acteurs, conformément aux convictions de Copeau en matière d'esthétique théâtrale. De même, il exigea une diction nettement articulée et soumise au sens du texte, qui en manifeste l'architecture.

La recherche systématique du ton simple, d'« une volonté anti-pompiériste d'une vigueur exceptionnelle » selon un feuilletonniste, qui faisait descendre de leur cothurne des personnages devenus très humains, désennoblissait la pièce au goût de certains habitués du Français [1], encore que Mary Marquet, actrice de tempérament, eût du mal à se préserver de quelque excès dans les sanglots rageurs de Roxane au dénouement. Ce fut un tollé surtout dans la presse conservatrice et nationaliste attachée à une certaine idée de la culture française : à travers Copeau, c'était la

---

1. Copeau avait comme par défi à la Comédie-Française couplé *Bajazet* à *L'Impromptu de Versailles* de son cher Molière, qui tournait en dérision le ton pompeux de l'Hôtel de Bourgogne, dont la Comédie-Française est l'héritière...

politique du Front populaire qui était visée, dès lors que des metteurs en scène du Cartel, Dullin, Jouvet, Baty, étaient appelés de l'extérieur pour renouveler le style de la Maison par Édouard Bourdet, lui-même issu du Boulevard, et nommé administrateur par le ministre Jean Zay. Racine devenait l'enjeu d'une nouvelle querelle des Anciens et des Modernes.

En revanche, à l'occasion du 250ᵉ anniversaire de la mort de Racine en 1949, la reprise inspirée de cette mise en scène par les soins de Maurice Escande fut accueillie avec faveur. La distribution apparut d'une concentration tragique harmonieuse dans sa diversité : Escande reprit son rôle de Bajazet élégant et romantique, Annie Ducaux, toute de blanc vêtue, était une Atalide flexible et psalmodiante consumée par sa propre flamme, tandis que l'Atalide de Copeau, Véra Korène, en lamé d'argent métallique, campait une Roxane pleine d'un bondissement immobile et contenu, lâchant de sa voix chaude et modulée un « Sortez » comme étouffé nettement démarqué de l'interprétation dramatique de Mary Marquet. Après quoi, dans les mises en scène de Jean Marchat en 1957 et Michel Etcheverry en 1966, en dépit d'une certaine permanence de la distribution, Annie Ducaux toujours en Atalide en 1957, et Thérèse Marney en Roxane de 1957 à 1966, l'inspiration s'étiole. En dépit de tentures rouge sang le spectacle dirigé par Jean Marchat manque de sang dans les veines, et le fastueux décor de Louis Thiéry en 1966, rectiligne avec ses divans d'angle de part et d'autre d'une haute grille dorée, ne compense pas une direction d'acteurs inexistante, un vrai « bazar » de styles hétéroclites : Thérèse Marney, tragédienne dans le pur style classique, écrase un couple de tourtereaux falot, Bérangère Dautun incarnant une Atalide en comparaison trop « naturelle », et Simon Eine un Bajazet d'une légèreté à la limite du comique.

Les mises en scène novatrices de Xavier de Courville et Jacques Copeau incarnent chacune un aspect de la double orientation de l'œuvre, vers l'extériorité et vers l'intériorité. Mais, pour l'un comme pour l'autre, l'humanisation du jeu, de la diction, des personnages est conçue comme un moyen de rétablir un rapport immédiat à une fable tragique dont la proximité culturelle n'est pas remise en cause. Il n'en va plus de même après le choc de Mai 68 et l'intrusion des sciences humaines dans le champ de la littérature. Il s'agit dès lors, sous le vernis de l'écriture, sous la politesse de la litote et du bien-dire louis-quatorziens, de mettre à nu la

sauvage violence de la tragédie saisie aux racines de la psyché,
d'exacerber, aux antipodes de la galanterie qui avait d'abord touché les spectateurs policés de 1672, la cruauté latente de la
« grande tuerie » dont Mme de Sévigné ne voulait pas entendre
« les raisons ». Dans cette direction, il est évident que la barbare
Turquie de *Bajazet* se prête aux investigations d'un moderne
« théâtre de la cruauté » imprégné des conceptions professées dès
avant la guerre par un Antonin Artaud, à condition d'être arrachée sans retour à l'époque révolue de sa création.

   C'est ainsi qu'en 1985 au Carré Silvia Montfort, à la fois vils et
héroïques, les personnages tournent également en rond dans leur
désir frustré comme des fauves blessés, excessifs, écorchés vifs à
l'image de Silvia Montfort-Roxane, terriblement humaine de naï-
veté, terriblement monstrueuse dans son réflexe instinctif de vengeance. Pour sa part, dans le cadre d'un cycle Racine donné au
Petit Odéon en 1974 à l'intention d'un public averti, Jean Gillibert
dénonça résolument, outre un orientalisme de surface, toute
représentation « psychologique », en abolissant le décor et en
convertissant les costumes, raides, étranges, intemporels, en signes
vaguement évocateurs d'un rituel religieux inconnu, éclairé d'en
haut comme par l'œil de Dieu. Le lent cérémonial — trois heures
pour deux heures et demie habituellement —, qui semble soutenu
par la médiation du Nô japonais, donne à entendre les combi-
naisons de l'érotisme, du masochisme et du sadisme à l'état pur.
Il gomme les tendresses du couple Bajazet-Atalide, nivelle les cli-
vages dramatiques entre dominants et dominés, efface les nuances
musicales de l'alexandrin au profit de la voix profonde du texte,
indifférenciée, proférée sur le mode incantatoire. Indépendam-
ment de l'insuffisance du travail de la diction, et de l'interprétation passionnelle, et naturaliste, de Maria Casarès en Roxane, un
tel parti pris, indifférent à l'événement et à la dramaturgie, aboutit
à un pathétique fondé sur le pur dialogue, qui par des voies
détournées ramène non sans paradoxe à la poésie pure chère à
Valéry... Dans le cadre institutionnel de l'Odéon, à côté d'une
Phèdre montée par Hermon mais aussi d'un brouillon d'*Andromaque* par des pensionnaires du Français, l'interprétation personnelle d'une œuvre classique par des metteurs en scène imbus de
leur nouveau pouvoir sur le texte, dans la mesure où elle est présentée comme expérimentale, apparaît comme une concession
ponctuelle faite à la marginalité.

Cette phase d'exploration du texte est-elle terminée, qui a vu, après la tradition théâtrale, la remise en cause des principes mêmes de l'écriture classique ? Assistera-t-on à l'avènement d'une génération de metteurs en scène et d'acteurs capable de dominer ses complaisances et de maîtriser avec élégance la complexité du théâtre racinien, pour donner enfin à *Bajazet* sa véritable chance sur la scène d'aujourd'hui ? Jean-Luc Jeener et sa Compagnie de l'Élan le donneraient à penser, dont la production de 1990 présente un mouvement d'ensemble beau et harmonieux, sous des éclairages discrets et pertinents, et des comédiens (Marie Plateau en Roxane, Isabelle Hétier en Atalide) qui portent avec force le chant racinien sans pour autant gommer la sensualité violente des personnages. Ainsi d'Atalide, frémissante, vulnérable en même temps que résistante, à la fois fragile et solide, avec quelque chose d'instinctif par-delà même la belle maîtrise de la langue. Encore le metteur en scène a-t-il cru devoir se rattacher au *tacitisme* moderniste d'un Planchon au début des années 60, qui imagina Titus secrètement las de Bérénice : Jeener souhaitait en effet imprimer comme idée directrice au spectacle « la certitude que Bajazet vit une passion charnelle avec Roxane : [...] partagé entre deux femmes, Atalide, l'amante-sœur, et Roxane, l'amante fatale, il choisit de ne pas choisir, c'est-à-dire qu'il préfère mourir »... Du moins paraît-il entendu que *Bajazet* exige un lieu intime, tel que la crypte Sainte-Agnès sous l'église Saint-Eustache, et sans orientalisme décoratif : il suffit de quelques tapis jonchant le sol et de costumes harmonieux et inventifs pour que la tragédie prenne sa belle ampleur, sans effets inutiles.

De même la Comédie-Française choisit-elle de la programmer en mai 1995, dans une nouvelle mise en scène d'Éric Vigner — avec Martine Chevallier dans le rôle de Roxane, Isabelle Gardien dans celui d'Atalide, et Éric Ruf en Bajazet —, dans la salle du Vieux-Colombier, le nouveau théâtre de la compagnie. La scène rénovée du Vieux-Colombier se présente comme une boîte particulièrement appropriée à l'expression de l'enfermement. La scénographie, due à Claude Chestier, joue un rôle primordial dans une mise en scène dépouillée qui s'appuie simplement sur les murs noir anthracite du plateau. Une épaisse plaque de tôle mobile de cinq mètres sur cinq, de même couleur noire, occupe d'abord le front de scène, pour pivoter côté jardin jusqu'à ne plus laisser à l'acte III qu'un étroit couloir à l'avant-scène, avant de reprendre sa position initiale pour de nouveaux glissements. Sur le suicide d'Atalide, elle s'abat comme une guillotine, révélant, au-delà des détours sinueux de l'action, les murs sans issue du théâtre. Quant aux personnages, tous apparaissent, dans ce labyrinthe sans mobile apparent, également dépendants d'un pouvoir fuyant : indifféremment enveloppés de grands manteaux foncés, qui évoquent vaguement l'uniforme de l'armée russe, turque, ou prussienne du siècle dernier, ils paraissent exercer sur les choses un semblant de pouvoir alors même qu'ils sont mus et manipulés, et n'ont plus d'existence que parenthétique. Car tout est déjà joué au loin, et plane la présence virtuelle d'Orcan et de l'arrêt de mort dont il est porteur.

C'est pourquoi le metteur en scène, s'abstenant de tout parti pris sur ses personnages, met l'accent sur la psychologie de l'enfermement si bien imaginée par Racine à la fin de sa seconde préface, et sur la structure dramaturgique du jeu d'illusions qui, dans un monde de silence en proie au jeu des regards jusqu'à la révélation tangible et meurtrière de la lettre, opposent pour chacun un point aveugle à la perception réelle de l'autre. L'accent est mis plus encore sur le mécanisme des fantasmes qui suscitent la vision d'autrui : tel le Bajazet fantomatique évoqué en II, 1 de l'obscurité de l'écran noir par une Roxane qui, lorsque enfin elle croira « voir [s]es desseins » profonds, ne saisira dans ses yeux que son propre reflet. Dans cet univers de fantômes irréels soumis à un éclairage zénithal, pour la première fois dans l'histoire de *Bajazet* le personnage éponyme, naguère réhabilité à l'égal de ses partenaires par Xavier de Courville, se trouve radicalement valorisé, désormais seul véritable héros par sa conscience lucide d'être déjà mort parmi des ombres vaines, qui s'agitent désespérément pour lui insuffler vie et le ranimer. D'où les cris longuement suspendus sur quelques brefs mots thèmes, « hélas ! », « ah ! », « enfin ! », « Zaïre ! », qui tranchent sur une diction par ailleurs scrupuleuse mais distanciée de l'alexandrin.

Programmé à proximité de Marguerite Duras et Nathalie Sarraute, *Bajazet* relèverait-il désormais d'un authentique théâtre expérimental, gage cette fois d'une modernité retrouvée qui lui confère une nouvelle jeunesse ?

BIBLIOGRAPHIE

Éditions

RACINE, *Œuvres complètes*, éd. Raymond Picard, Gallimard, Pléiade, t. 1, 1951.

RACINE, *Théâtre complet*, éd. Jacques Morel et Alain Viala, Garnier, 1980.

RACINE, *Théâtre complet*, éd. Jean-Pierre Collinet, Gallimard, 1982 et 1983 (coll. « Folio »), 2 vol.

RACINE, *Bajazet*, mise en scène et commentaires de Xavier de Courville, Seuil (coll. « Mises en scènes »), 1947.

RACINE, *Bajazet*, éd. Georges Forestier, Le Livre de poche, 1992.

RACINE, *Théâtre complet*, éd. Philippe Sellier, Imprimerie nationale, 1995 (coll. « La Salamandre », 2 vol.).

Études sur Racine et la tragédie classique

BACKÈS, Jean-Louis, *Racine*, Seuil (coll. « Écrivains de toujours »), 1981.

BARTHES, Roland, *Sur Racine*, Seuil, 1963.

BENHAMOU, Anne-Françoise, *La Mise en scène de Racine de Copeau (1937) à Vitez (1981)*, thèse dact., Université Paris III, Institut d'études théâtrales, 3 vol., 1983.

BÉNICHOU, Paul, *Morales du grand siècle*, Gallimard, 1948 ; rééd. Folio-essais, 1988.

CORVIN, Michel [sous la direction de], *Dictionnaire encyclopédique du théâtre*, Bordas, 1991.

DECLERCQ, Gilles, « La ruse oratoire dans les tragédies de Racine », *Cahiers de littérature du xvii˚ siècle*, n° 6, 1984, p. 115-123.

DECLERCQ, Gilles, « Représenter la passion : la sobriété racinienne », *Littératures classiques*, 11, 1989, p. 69-93.

DELMAS, Christian, *Mythologie et mythe dans le théâtre français*, Genève, Droz, 1986.

DELMAS, Christian, *La Tragédie de l'âge classique (1553-1770)*, Seuil (coll. « Écrivains de toujours »), 1994.

DESCOTES, Maurice, *Les Grands Rôles du théâtre de Jean Racine*, PUF, 1957.

ÉMELINA, Jean, « Les morts dans les tragédies de Racine », *Dramaturgies. Langages dramatiques. Mélanges Jacques Scherer*, Nizet, 1986, p. 173-184.

FORESTIER, Georges, « Théorie et pratique de l'histoire dans la tragédie classique », *Littératures classiques*, 11, 1989, p. 95-108.

FORESTIER, Georges, préface de THÉOPHILE DE VIAU, *Les Amours tragiques de Pyrame et Thisbé*, Paris, Cicero, 1992.

FORESTIER, Georges, *Introduction à l'analyse des textes classiques. Éléments de rhétorique et de poétique du xvii˚ siècle*, Nathan, 1993.

FRANCE, Peter, *Racine's Rhetoric*, Oxford, Clarendon Press, 1965.

FREEMAN, Bryant C., et BATSON, Alan, *Concordance du théâtre et des poésies de Racine*, Ithaca, Cornell Univ. Press, 1968.

NIDERST, Alain, *Racine et la tragédie classique*, PUF (« Que sais-je ? »), 1978.

PICARD, Raymond, *La Carrière de Jean Racine*, Gallimard, 1956 ; rééd. 1961.

PICARD, Raymond, *Nouveau Corpus racinianum*, CNRS, 1976.

PICARD, Raymond, *De Racine au Parthénon*, Gallimard, 1977.

POMMIER, Jean, *Aspects de Racine*, Nizet, 1954.

ROUBINE, Jean-Jacques, *Lectures de Racine*, Armand Colin (coll. « U »), 1971.

SCHERER, Jacques, *La Dramaturgie classique en France*, Nizet, 1950.

SELLIER, Philippe, « Le jansénisme des tragédies de Racine. Réalité ou illusion ? », *Cahiers de l'Association internationale des études françaises*, XXXI, mai 1979, p. 135-148.

SPENCER, Catherine, *La Tragédie du prince. Étude du personnage médiateur dans le théâtre tragique de Racine*, Paris-Seattle-Tübingen, P.F.S.C.L./Biblio 17, 1987.

SPITZER, Leo, « L'effet de sourdine dans le style classique : Racine », article paru à Cologne en 1931, traduit dans *Études de style*, Gallimard, 1970.

Zuber, Roger, et Cuénin, Micheline, *Le Classicisme,* Arthaud (coll. « Littérature française », n° 4,) 1984).

Études sur le sérail et Bajazet

Grosrichard, Alain, *Structure du sérail : la fiction du despotisme asiatique dans l'Occident classique,* Seuil, 1979.
Van der Starre, Evert, *Racine et le théâtre de l'ambiguïté. Étude sur* Bajazet, Leiden Univ. Press, 1966.

Articles

Aragon, Colette E., « Étude de quelques actes de langage dans *Bajazet* », *Cahiers de littérature du xviiᵉ siècle,* n° 5, 1983, p. 75-106.
Aragon, Colette E., « La Figure invisible dans *Bajazet* », *Littératures,* n° 13, 1985, p. 17-27.
Branan, A.G., « Racine's Bajazet : a dissident prince at a Machiavellian court », *Studi francesi,* janvier-avril 1985, p. 19-27.
Collinet, Jean-Pierre, « Racine lecteur et adaptateur d'Héliodore », *Papers on French Seventeenth Century Literature,* XV, 29, 1988, p. 399-415.
Couprie, Alain, « Le personnage du conseiller des rois dans *Bérénice, Bajazet* et *Athalie* », *L'Information littéraire,* janvier-février 1986, p. 6-11.
Defrenne, Madeleine, « Récits et architecture dramatique dans *Bajazet* de Racine », *Travaux de linguistique et de littérature,* XIX, 2, 1981, p. 53-70.
Descotes, Maurice, « L'intrigue politique dans *Bajazet* », *Revue d'histoire littéraire de la France,* mai-juin 1971, p. 400-424.
Eckstein, Nina C., « Narrative reliability and spatial limitations in *Bajazet* », *Neophilologus,* LXVIII, 1984, p. 498-503.
Gracq, Julien, « À propos de *Bajazet* », *Confluences,* avril 1946, repris dans *Préférences,* Corti, 1961 (puis dans ses *Œuvres complètes,* Gallimard, Pléiade, t. I, 1989, p. 934-948).
Gross, Mark, « *Bajazet* and intertextuality », *Yale French Studies,* n° 76, 1989, p. 146-161.
Huré, Jacques, « À la recherche de l'Orient racinien dans *Bajazet* », *Travaux de linguistique et de littérature,* XXV-2, 1987, p. 57-71.

Jacobs, Carolyn L., « The irony of human judgment : acte III of *Bajazet* », *French Studies. In Honor of Philip A. Wadsworth*, 1985, p. 51-60.

Rohou, Jean, « De la situation tragique à la condition tragique. Atalide et Bajazet, témoins de l'évolution de Racine », *Missions et démarches de la critique. Mélanges J. Vier*, Klincksieck, 1973, p. 595-610.

Romanowski, Sylvie, « The Circuits of Power and Discourse in Racine's *Bajazet* », *Papers on French Seventeenth Century Literature*, X, 19, 1983, p. 849-867.

[Ronzeaud, Pierre, éd.], *Racine : la Romaine, la Turque et la Juive* (*regards sur* Bérénice, Bajazet, Athalie), (rencontre de Marseille), Aix-en-Provence, Presses de l'Université de Provence, 1986.

Scherer, Jacques, « Aspects des mises en scène de *Bajazet* et de *Tartuffe* », *La Mise en scène des œuvres du passé*, pp. Jean Jacquot et André Veinstein, CNRS, 1956, p. 211-216.

Spencer, Catherine, « *Bajazet*. La personne interposée ou la dérobade », *Papers on French Seventeenth Century Literature*, IX, 16, 1982, p. 253-269.

Spencer, Catherine, « D'Agrippine à Atalide : la parole au pouvoir ? », *Actes de Davis*, Paris-Seattle-Tübingen, P.F.S.C.L./Biblio 17, 1988, p. 167-174.

Wood, Allen G., « Murder in the seraglio. Orientalism in seventeenth century tragedy », *Papers on French Seventeenth Century Literature*, XII, hiver 1979-1980, p. 91-107.

Zuber, Roger, « *Bajazet* et la critique récente », *Actes du IIe colloque de Marseille du CMR 17 (1972)*, Marseille, CRDP, 1973, p. 53-57.

NOTES

Page 29.

1. Affirmation inexacte, rectifiée dans la seconde préface ; mais Racine préfère monter en épingle la tradition orale pour faire valoir ses relations flatteuses avec les milieux officiels, et se mettre à couvert des critiques relatives à l'authenticité du sujet.

2. Nous connaissons le texte des dépêches de Cézy de septembre 1635, janvier 1636 et mars 1640, publiées par René Jasinski, *Vers le vrai Racine*, Armand Colin, t. II, 1958, p. 10-12. Les faits remontent à 1635, soit trente-sept ans en 1672 et non « trente » comme avancé par Racine.

3. Le chevalier de Nantouillet devait avoir dix-sept ans à la mort de Cézy en 1652. Il fut fait prisonnier des Turcs à Candie en 1669 ; ami de Racine et Boileau, il était premier maître d'hôtel de Monsieur, frère du roi.

4. Dans la tragédie classique en effet, la vérité historique tient moins à l'exactitude de faits eux-mêmes librement remodelés dans les « circonstances », qu'au respect de l'esprit de l'histoire, mis en doute en l'occurrence par le parti cornélien, d'où les développements de la seconde préface.

5. Il s'agit de l'ouvrage de Paul Rycaut, *Histoire de l'état présent de l'Empire ottoman* [...], publié en anglais à Londres en 1669, et un an plus tard en traduction française par Pierre Briot à Paris.

6. Exactement Jean de La Haye-Ventelet, ambassadeur à Constantinople de 1665 à 1670 à la suite de son père, Jean de La Haye, qui lui-même avait remplacé le comte de Cézy à son retour en France en 1644. M. de Nointel lui succède en 1671.

Page 30.

1. Nous reproduisons le texte retouché en 1697.

2. Osman II avait été sultan de 1618 à 1622. Quant à Orcan, ou Soliman (dont la pièce ne souffle mot, non plus que de Kasim, autre frère d'Amurat massacré en 1638 après le siège de Bagdad), il fut étranglé seulement en 1635, au lendemain du siège d'Érivan, et en même temps que Bajazet. Mourad IV-Amurat régna de 1623 à 1640.

3. Mehmet IV (1642-1691), qui régna de 1648 à 1687.

Page 31.

1. Le texte de 1676 a ici la précision suivante, supprimée en raison de la mort du chevalier en 1695 : « et entre autres M. le chevalier de Nantouillet ».

2. La préface de 1676 élève le débat sur le terrain de la pertinence des sujets contemporains (qui expliquent *a priori* le soupçon de contamination par la galanterie moderne), en insistant sur l'étrangeté radicale de l'Orient, image actuelle de la vénérable Antiquité. Effectivement, la *Poétique* d'Aristote recommande les sujets historiques sans restriction particulière ; Racine aurait pu aussi invoquer les précédents de Mairet et Tristan (voir notice, p. 127), n'était l'usage de taire les relais modernes, moins flatteurs.

3. « Le respect grandit avec l'éloignement » (Tacite, *Annales*, I, 47).

Page 32.

1. Il s'agit des *Perses* (472 av. J.-C.). Racine insiste sur la proximité des faits, auxquels l'auteur a même été mêlé personnellement, pour autoriser son *Bajazet*, dont la préface de 1672 soulignait l'actualité.

2. Ce paragraphe de la préface de 1676, devenu inactuel, est supprimé en 1697. Racine s'y défend contre les critiques adressées, lors de la création, à la « galanterie » de la pièce, en se livrant à des considérations sur la psychologie de l'enfermement et sur les excès passionnels propres à la typologie de l'Orient, d'une sauvagerie raffinée.

3. « Férocité » : tempérament fier et ombrageux.

Page 33.

1. La mort tragique de Mustapha, héritier de Soliman le Magnifique et étranglé en 1533 à l'instigation de la sultane Roxelane, sur lequel Giangir, son frère cadet, se serait tué de désespoir, fut portée à la scène dès 1554 ou 1558 par Bounin, puis par Dalibray en 1637, suivi par Mairet en 1637-1638.

Page 34.

1. Distribution à la création, d'après la *Lettre* de Robinet du 30 janvier 1672 : Bajazet, Champmeslé ; Roxane, Mlle d'Ennebaut ; Atalide, Mlle de Champmeslé ; Acomat, La Fleur ; Osmin, Hauteroche ; Zatime, Mlle Brécourt ; Zaïre, Mlle Poisson. À vrai dire le gazetier ne précise pas la répartition des rôles féminins entre « D'Ennebaut et la Champmeslé » ; mais le *Répertoire* de la Comédie-Française pour 1685 donne la Champmeslé titulaire du rôle — dont par la suite encore l'actrice entend se réserver la possession, avec ceux de Bérénice et Phèdre, au dire de Mme de Sévigné dans une lettre du 24 août 1689.

2. « Byzance » est le nom antique de Constantinople, aujourd'hui Istanbul. D'après le *Mémoire* des décorateurs de l'Hôtel de Bourgogne en 1678, « le décor est un salon à la turque ».

Page 35.

1. Var. 1672-1687 : « en ces lieux » (hésitation entre le sérail, ou palais, lieu général, et le *harem*, partie réservée aux femmes, que Racine s'abstient de désigner expressément — cf. v. 97-99 et 201-209).

Page 36.

1. « Sans s'étonner » : sans effroi.

2. Var. 1672 : « Il parlait de laisser ».

3. « M'ont [...] traversé » : se sont mis en travers de ma route (d'où l'arrivée d'Orcan dès la fin de l'acte III).

4. « Nos braves janissaires » : corps d'infanterie d'élite, sorte de garde prétorienne capable de faire et défaire les sultans (Mourad IV leur dut son trône en 1622, et mata péniblement, en 1632, leur révolte en faveur de ses frères).

Page 37.

1. Vers maxime définissant le principe du régime despotique ; cf. l'adage latin « Oderint dum metuant » (« Qu'ils me haïssent pourvu qu'ils me craignent »).

2. « Vizir » : le grand vizir, principal ministre dans l'Empire ottoman.

3. « Succès » : issue (de même au v. 416).

4. Var. 1672-1676 : « dans ce combat ».

5. « Fiers de sa disgrâce » : revigorés par sa mauvaise fortune.

Page 38.

1. Trait de mœurs turques : l'expression est à prendre au sens littéral (cf. v. 78).

2. « L'Euxin » : le Pont-Euxin est le nom ancien de la mer Noire.

Page 39.

1. Ce vers trouve son explication au v. 298.

2. Ibrahim succédera effectivement à Amurat, mort sans laisser d'enfants vivants.

Page 40.

1. Trait inventé par Racine pour ennoblir son héros.

2. « Ottoman » : de la lignée d'Othman, fondateur de la dynastie au XIVe siècle.

Page 41.

1. Var. 1672 : « Et l'espoir ».

2. « Leurs captifs » : Roxane, maîtresse du sort de Bajazet, est elle-même à l'intérieur du sérail une « esclave » sous surveillance.

3. « Aimable » : qui mérite d'inspirer l'amour (cf. v. 369 et 1202).

4. « Les devaient éclairer » : devaient découvrir leurs agissements (cf. « reconnaître » v. 790).

Page 42.

1. Var. 1672 :

> *Qui même avec ses fils partagea sa tendresse,*
> *Et fut dans ce palais élevée avec eux.*

Page 43.

1. « Superbe » : orgueilleux.

Page 44.

1. Var. 1672 : « est le plus nécessaire ».
2. « Les sacrés interprètes » : exactement, le muphti et les ulémas.
3. « Cet étendard fatal » : l'étendard sacré de Mahomet, rapporté d'Égypte au XVIe siècle, qui appelait à prendre les armes.
4. « Prévenus de » : en faveur de (cf. « favorable », qui a leur faveur).
5. La révolte de 1622 contre Osman était due à son projet de transférer en Égypte le siège de l'empire.

Page 46.

1. Var. 1672 :
> *Pour l'entendre à mes yeux m'assurer de sa foi,*
> *Je l'ai fait en secret amener devant moi.*

2. Var. 1672 :
> *Mes yeux ne trouvaient point ce trouble, cette ardeur*
> *Que leur avait promis un discours trop flatteur.*

Page 48.

1. Var. 1672 : « Quel que soit mon amour ».
2. On a parfois vu du fatalisme oriental dans cette expression qui ponctue chaque palier de l'action (I, 4, v. 334 ; II, 2, v. 568 et II, 3, v. 584 ; III, 3, v. 904 ; III, 4, v. 941 ; IV, 3, v. 1173 ; V, 11, v. 1704).
3. « Dans mon désespoir » : dans ce qui fera mon désespoir (voir v. 341).

Page 49.

1. « Ai-je dû » : aurais-je dû (latinisme).

Page 51.

1. « Sa vertu prompte à s'effaroucher » : sa dignité prompte à s'alarmer.
2. Var. 1672 : « attendre son passage ».
3. « L'ennui » : le tourment.
4. « Son erreur fatale » : amenée par le sort.

Page 53.

1. « Vertu » : vaillance.

Page 54.

1. « Carrière » le terme évoque les courses de chars antiques (cf. « barrière » v. 238), et le *cursus honorum.*
2. Var. 1672 : « j'ai servi mon époux ».
3. Bajazet Ier avait été défait, et capturé avec son épouse, par le mongol Tamerlan en 1402, épisode évoqué par Desmares dans *Roxelane* (I, 2) en 1643, et dramatisé en 1648 par Magnon dans *Le Grand Tamerlan, ou la mort de Bajazet* (cf. notice p. 127).

Page 55.

1. Épisode rappelé dans les pièces de Dalibray, Mairet et Desmares.
2. Rappel historique des conquêtes de Soliman II le Magnifique, sultan de 1520 à 1566 : campagnes de Rhodes et d'Égypte (1522-1523), prise de Belgrade (1521) et Buda (1526) jusqu'aux murs de Vienne en 1529, prise de Bagdad en 1534, protectorat de l'Algérien Barberousse sur Tunis et Alger (1519).

Page 56.

1. Le prétexte (« couleur ») du meurtre d'Osman, prédécesseur et frère d'Amurat, aurait donc été les droits d'épouse légitime conférés à l'une de ses femmes, d'origine russe, Chaszeski. Tristan évoqua l'épisode dans sa tragédie d'Osman en 1647 (voir notice p. 127).
2. Var. 1672 :
        Songez-vous dès longtemps que vous ne seriez plus.

Page 60.

1. « Intelligence » : accord.
2. « Fureur » : démence, folie furieuse.

Page 62.

1. « Plus respectés » (que les autres).
2. « La Porte sacrée » : la porte d'Andrinople, par où se font les entrées solennelles des souverains.

Page 63.

1. La raison d'État, qui inspire la politique de la monarchie absolue depuis Richelieu, est souvent suspectée d'un immoralisme machiavélien de même nature.

2. Var. 1672 :

> *Ô courage ! ô vertu ! ô trop constante foi !*
> *(« foi » s'oppose à « perfidie »).*

Page 65.

1. « Tourments » : supplices (cf. v. 689-690, v. 720, et le v. 768, près de se concrétiser par strangulation au v. 1545).

2. « Timide » : craintive.

Page 66.

1. « Des charmes » : des baumes magiques (sens étymologique).

Page 67.

1. « Ma vertu consternée » : ma vaillance abattue.

2. « Repos » : oisiveté.

Page 69.

1. Var. 1672 :

> *Allez, Seigneur, tentez cette dernière voie.*
> *— Eh bien ! Mais quels discours voulez-vous que j'emploie ?*

Page 71.

1. « Charme » : pouvoir comme magique d'illusion, à opposer à la réalité de l'« engagement » (v. 807).

2. « Généreux discours » : propos héroïques, ici héroïsme du sacrifice (cf. au v. 820 « vertu » : force morale, au sens cornélien du terme).

Page 74.

1. « Querellant [...] la fortune » : incriminant le sort.

2. Var. 1672-1687 : « dans un vaisseau sur l'Euxin préparé ».

3. Les restes les plus précieux soustraits à ma ruine (cf. v. 187).

Page 75.

1. « J'en réponds » : je réponds de sa personne.

2. Var. 1672-1687 : « sa joie ».

Page 76.

1. « Jaloux de sa foi » : jalousement respectueux de la foi donnée.

2. « Autorise » : cautionne, confère du crédit à (latin « auctor », garant — cf. v. 380). La métaphore fiduciaire, en relation avec la notion clé de « foi », court tout au long de l'œuvre ; cf. v. 1501 et la note.

3. « Succès » : résultat.

4. Je sais qu'il ne devait pas (s'oppose au v. 926).

5. « Conseil » : conciliabule.

Page 77.

1. Var. 1672 :
> *Et je serais heureux, si je pouvais goûter*
> *Quelque bonheur, au prix qu'il vient de m'en coûter.*

2. « Les armes à la main » : cimeterre et poignard. Les armes ordinaires aux héros masculins ne sont pas signalées parmi les accessoires, non plus que pour Amurat et Osmin à l'acte V, par le régisseur Laurent en 1678 (cf. la note au v. 1654).

Page 79.

1. « Sa fortune, ses jours » : son sort et sa vie même.

2. « Un hymen infaillible » : qui ne peut manquer.

Page 80.

1. Var. 1672 : « et j'en crois sa promesse ».

2. Var. 1672-1687 :
> *Oui, je vous ai promis, et je m'en souviendrai,*
> *Que fidèle à vos soins autant que je vivrai,*
> *Mon respect éternel, ma juste complaisance.*

Page 81.

1. C'est le réel qui est pris pour une de ces illusions qui « abusent » les sens (cf. v. 1042)

2. « Chagrin » : humeur chagrine.

Page 83.

1. « M'intimide » : me rend craintive (même sens v. 1163).

Page 85.

1. « Étonnons » : ébranlons ; cf. v. 1163.

Page 86.

1. « Fier » : farouche.
2. « Rendu » : remis.

Page 87.

1. La lettre, extérieure aux discours des personnages, jouit d'un statut poétique particulier : le billet d'amour est en vers alternés (octosyllabes, décasyllabes, alexandrins), disposés en quatrains à rimes embrassées qui encadrent un distique en rimes plates ; mais l'ordre écrit du sultan se contentera de croiser les rimes des alexandrins (scène 3).
2. Ou, [ayant prêté l'oreille au récit d'Acomat puis à mes soupçons jaloux (III, 2 et 3)], fallait-il en faire état (sc. 4) ?
3. « Commettre » : exposer.

Page 90.

1. « La lettre et le seing » : l'écriture (de même v. 1261) et le cachet.
2. Aparté d'Atalide (à la différence probable des v. 1173 et 1180, en dépit des indications scéniques de l'édition de 1736).
3. « Parricide » : le terme vaut pour tout meurtre entre proches.

Page 92.

1. « Ministre » : servante.
2. Var. 1672 : « inquiétée ».

Page 93.

1. « Gêner » : torturer.
2. Accord de voisinage (le second groupe se limite en effet au seul Acomat).
3. Var. 1672 : « Sans doute j'ai trouvé ».

Page 94.

1. Voici découverte l'amorce avec laquelle ils m'avaient leurrée.
2. « Ainsi donc » : c'est donc ainsi que.

Page 95.

1. « La plus chère » : préférée.
2. « Préoccupé » : prévenu (en ta faveur).
3. Var. 1672-1687 (ici quatre vers supprimés en 1697) :

> *Tu n'as pas eu besoin de tout ton artifice,*
> *Et (je veux bien te faire encor cette justice)*
> *Toi-même, je m'assure, as rougi plus d'un jour*
> *Du peu qu'il t'en coûtait pour tromper tant d'amour.*

Ce quatrain de commentaire attendri détonnait au milieu de l'analyse partisane de Roxane.

Page 96.

1. Var. 1672 : « Mais dans quels souvenirs ».
2. Toute cette tirade s'inspire des mouvements passionnés de Didon abandonnée d'Énée chez Virgile. Ainsi :

> *Infelix Dido, nunc te facta impia tangunt ?*
> *Tum decuit cum sceptra dabas !* (*Énéide*, IV, 596-597)

(« Infortunée Didon, c'est maintenant que tes actes impies te touchent ? / Il le fallait quand tu lui remettais ton sceptre »).

Page 98.

1. « Sa vie » : le fait qu'il soit encore en vie.

Page 100.

1. Ah, de tant de projets réfléchis aboutissement funeste !
2. Le seul règne de Mourad IV a compté neuf grands vizirs : trois furent destitués, quatre exécutés ou assassinés.

Page 101.

1. « Un débris » : des destructions.
2. « Nous étonner » : rester stupides sous le choc.
3. Var. 1672-1687 : « puisqu'on veut le confondre ».

Page 105.

1. « Déçue » : trompée.

Page 106.

1. Var. 1672 :

> *D'un amour appuyé sur tant de confiance.*

2. « Couleurs » : apparences artificieuses.
3. Var. 1672 :

> *et devant qu'à ma vue,*
> *Prévenant mon espoir, vous fussiez apparue.*

« Prévenant mon espoir » : contrariant mes espérances (amoureuses).

Page 107.

1. Votre amour, en considérant vos bienfaits, leur accorda crédit, et sur la foi de ces gages (cf. v. 1604) se porta garant en ma faveur de tous mes sentiments. La métaphore, qui rend compte du mauvais "placement" fait par Roxane, permet aussi un jeu nouveau sur le syntagme « pour moi », qui signifie par ailleurs « à ma place », dégageant en quelque sorte la responsabilité de Bajazet dans l'opération (cf. pour le sens le v. 1228 et le v. 1329, qui se réfère à l'échéance du « prêt » involontaire de Roxane).

2. Var. 1672 :
> *Loin de vous abuser par des promesses feintes.*

3. Var. 1672 : « plus ma gloire étaient proches ».

4. Var. 1672 : « Contenté votre gloire ».

Page 108.

1. « Un cœur qui n'eût aimé que moi » : illusion de Roxane, lapsus révélateur de son désir pour Bajazet.

2. Var. 1672 :
> *De ton cœur par sa mort viens me voir m'assurer.*

La correction (les « muets ») va dans le sens de la couleur locale que Racine, conscient de n'avoir pas désarmé ses contradicteurs, accentua en 1676.

Page 109.

1. Var. 1672 :
> *Si mon cœur l'avait crue, il ne serait qu'à vous.*

À la suite figuraient de 1672 à 1687 quatre vers supprimés en 1697 :

> *Confessant vos bienfaits, reconnaissant vos charmes,*
> *Elle a pour me fléchir employé jusqu'aux larmes.*
> *Toute prête vingt fois à se sacrifier,*
> *Par sa mort elle-même a voulu nous lier.*

Ces vers étaient redondants par rapport aux scènes d'Atalide (II, 5 et V, 6).

Page 110.

1. « Prévenir » : prévenir en ma faveur.

Page 111.

1. Var. 1672 : « Jouissez du bonheur ».

Page 112.

1. Trait d'ironie tragique déjà dans *Le Grand et dernier Soliman* de Mairet (cf. notice p. 126) :

> *Loin de rompre le nœud qu'ils serrèrent ensemble,*
> *Je veux qu'un plus étroit aujourd'hui les rassemble.*

Page 113.

1. « Atalide a arraché le poignard que Zatime porte [dans une gaine] à la ceinture ; Zatime va à elle et lui retient le bras au moment où elle veut se frapper. [Comme] Acomat entre et descend, Zatime et Atalide se séparent » (J. Copeau, dans l'exemplaire de scène conservé à la Bibliothèque de la Comédie-Française) ; c'est avec ce poignard qu'Atalide se suicidera sc. 12. En 1678 le décorateur de l'Hôtel de Bourgogne mentionne de fait dans son *Mémoire*, à la suite du décor « à la turque », « deux poignards » pour accessoires. L'autre est à attribuer à Roxane aux derniers actes (cf. les v. 1247 et 1613), comme l'indique au xviiie siècle une tradition mentionnée par La Harpe au temps de la Clairon, et reprise ou retrouvée par Rachel au xixe siècle, qui caressait un poignard avant de prononcer son fameux « Sortez ».

Page 114.

1. Var. 1672 : « Je cours tout ce palais ».

Page 115.

1. Var. 1672 : « a trouvé votre appui ».

Page 116.

1. Var. 1672 :

> *Connaissez, a-t-il dit, l'ordre de votre maître,*
> *Perfides, et voyant le sang que j'ai versé,*
> *Voyez ce que m'enjoint son amour offensé.*

Page 117.

1. Var. 1672 :
> *Ne le saviez-vous pas ?*
> — *Ô ciel ?*
> — *Cette Furie*
> *(Près de ces lieux, Seigneur, craignant votre secours)*
> *Avait à ce perfide abandonné ses jours.*

Page 118.

1. Ultime jeu sur la polysémie de « nœuds » qui, par-delà le lacet destiné à étrangler Bajazet, en un sens ourdi par la faute d'Atalide, renvoie au « nœud » complexe de l'intrigue de la pièce, qui trouve ici son *dénouement*.

RÉSUMÉ

ACTE I — À Byzance, dans un lieu retiré du sérail normale-
ment interdit, le grand vizir Acomat, en demi-disgrâce, apprend
d'Osmin son confident, de retour de l'armée, la situation devant
Babylone assiégée par le sultan Amurat : s'il est vaincu, le corps
d'élite des janissaires se déclarera en faveur de son frère Bajazet,
confié à la garde de la sultane Roxane et menacé de mort. Acomat,
qui fomente une révolution de palais pour se prémunir d'Amurat,
a déjà intercepté un émissaire porteur d'un ordre en ce sens ; il
a réussi à rendre Roxane amoureuse de Bajazet, lui-même se faisant promettre par précaution la main d'une princesse du sang,
Atalide, qui sert de truchement entre les amants. La décision d'agir
doit être prise sur l'heure (sc. 1). Acomat presse donc Roxane de
se déclarer publiquement, mais celle-ci entend s'assurer au préa-
lable des sentiments de Bajazet (sc. 2). En dépit des assurances
d'Atalide, la sultane, inquiète de la réserve du prince, prétend
obtenir de sa bouche une promesse de mariage (sc. 3). Atalide est
désespérée, car depuis toujours Bajazet et elle s'aiment en secret,
et c'est par elle que Roxane a été abusée : saura-t-il feindre devant
Roxane pour sauver sa vie (sc. 4) ?
ACTE II — Roxane lui met le marché en mains : la liberté et
le trône sous condition d'épouser, ou la mort. Devant ses réticen-
ces, et les « raisons forcées », psychologiques, politiques, historiques, qu'il oppose à un mariage contraire à l'usage ottoman, la
sultane argumente, menace, supplie en vain le prince, qui semble
dissimuler un secret. Il est promis à la mort (sc. 1), ce qu'elle
annonce en sortant à Acomat (sc. 2), qui tente de le convaincre
de se soumettre, quitte à renier sa promesse une fois sur le trône ;

Bajazet s'indigne d'un réalisme politique contraire à sa « gloire » (sc. 3). Le vizir s'en remet à Atalide (sc. 4), qui engage Bajazet à vivre, même avec une autre, en pure perte tant il est las d'abuser la crédulité de Roxane, jusqu'au moment où elle menace de se sacrifier avec lui : Bajazet reverra la sultane (sc. 5).

ACTE III — Zaïre croit savoir que Bajazet a fait sa paix : accablée par un sacrifice trop lourd pour elle, Atalide aspire à mourir (sc. 1). Le témoignage, sollicité avidement, d'Acomat enthousiaste, qui a assisté de loin à l'entière réconciliation des amants, confirme que Bajazet va être couronné (sc. 2). La jalousie d'Atalide éclate alors, qui se croit trahie (sc. 3). Face à Bajazet en armes elle se répand en reproches ; déconcerté par ce revirement alors qu'il s'est cantonné dans un silence obstiné, il prend le parti de détromper la sultane (sc. 4). À Roxane qui évoque devant Atalide les promesses d'amour de Bajazet, celui-ci rappelle sèchement qu'il ne l'a assurée que de reconnaissance, et sort (sc. 5). Abasourdie, elle entrevoit brusquement, devant l'ardeur maladroite d'Atalide à parler pour lui, qu'ils peuvent être d'intelligence (sc. 6). Roxane reste seule en proie à ses soupçons (sc. 7), lorsque Zatime l'informe de l'arrivée inquiétante d'un émissaire d'Amurat, le cruel Orcan. Roxane doit savoir une bonne fois ce qu'il en est de Bajazet (sc. 8).

ACTE IV — Atalide lit un billet du prince de nouveau prisonnier, en réponse à un message où elle l'a supplié d'apaiser la sultane : il promettra tout, sauf l'amour, réservé à la seule Atalide. Mal rassurée, elle cache la lettre dans son sein à l'arrivée de Roxane (sc. 1). Celle-ci va chercher à l'effrayer (sc. 2) en lui donnant à lire l'ordre d'Amurat victorieux, qui exige de trouver Bajazet mort à son retour, et en l'assurant qu'elle va obtempérer : Atalide s'évanouit, Zatime est chargée d'épier ses réactions (sc. 3). Roxane essaie encore de se faire illusion sur les sentiments de Bajazet ; dans le doute, elle sursoit à sa vengeance en prenant le risque de le porter au trône, quitte à assassiner ensuite les amants (sc. 4). Mais Zatime a découvert sur Atalide la lettre de Bajazet : fureur de Roxane qui, en dépit des mises en garde de sa suivante, ne rêve plus que de faire périr Bajazet aux yeux de son amante (sc. 5). Acomat, venu presser le signal de la révolte, s'offre à s'assurer du traître, mais Roxane l'éconduit et ordonne de disperser les conjurés (sc. 6). En fait, le vizir entend mettre à profit les dernières hésitations de Roxane pour tenter avec Osmin un coup de main sur le palais, et libérer Bajazet (sc. 7).

ACTE V — Atalide prend conscience de la perte de sa lettre, et redoute la mort de son amant (sc. 1). Roxane entre alors et la rejette sans explications (sc. 2) : elle veut tenter un dernier effort sur Bajazet, tandis que tout est disposé pour sa mort (sc. 3). Convaincu de duplicité, il invoque l'aiguillon de l'ambition, et l'aveuglement de la sultane, pour expliquer l'engrenage des malentendus ; elle lui fait grâce sous condition qu'il l'épouse sur le cadavre d'Atalide. Bajazet refuse avec horreur, tout en la suppliant d'épargner la princesse. Elle lui ordonne de sortir (sc. 4), chargeant Zatime de lui rendre compte de sa mort, tandis qu'elle attend Atalide (sc. 5). Elle l'écoute non sans ironique sollicitude s'accuser à son tour, et lui promet de l'unir sans attendre à son amant (sc. 6), lorsque Zatime survient pour annoncer le coup de force d'Acomat, qui oblige Roxane à sortir (sc. 7). Atalide interroge en vain Zatime sur le sort de Bajazet (sc. 8) ; Acomat fait irruption à la recherche du prince (sc. 9), quand on annonce l'exécution de Roxane par Orcan (sc. 10), confirmée par Osmin, qui vient lui-même d'abattre l'agent d'Amurat, déjà responsable de la mort de Bajazet. Devant ce coup du sort, Acomat propose à Atalide de fuir sur son vaisseau (sc. 11), mais celle-ci, se reprochant d'être à l'origine du malheur commun, se suicide (sc. 12).

DU MÊME AUTEUR

Composition Bussière
et impression B.C.I.
à Saint-Amand (Cher), le 10 août 1995.
Dépôt légal : août 1995.
Numéro d'imprimeur : 1506-1/1398.
ISBN 2-07-039341-0./Imprimé en France.

71769